面向21世纪高等院校会计类核心课程实验实训教材系列

成本会计综合实训

王家华　陈赛珍　主　编

上海财经大学出版社
SHANGHAI UNIVERSITY OF FINANCE & ECONOMICS PRESS

图书在版编目(CIP)数据

成本会计综合实训/王家华,陈赛珍主编.—上海:上海财经大学出版社,2018.4
(面向21世纪高等院校会计类核心课程实验实训教材系列)
ISBN 978-7-5642-2961-0/F·2961

Ⅰ.①成… Ⅱ.①王…②陈… Ⅲ.①成本会计-高等学校-教材 Ⅳ.①F234.2

中国版本图书馆CIP数据核字(2018)第031855号

□ 责任编辑 柳萍萍
□ 封面设计 杨雪婷

CHENGBEN KUAIJI ZONGHE SHIXUN
成 本 会 计 综 合 实 训
王家华 陈赛珍 主编

上海财经大学出版社出版发行
(上海市中山北一路369号 邮编200083)
网   址:http://www.sufep.com
电子邮箱:webmaster@sufep.com
全国新华书店经销
上海宝山译文印刷厂印刷装订
2018年4月第1版 2018年4月第1次印刷

787mm×1092mm 1/16 9印张 230千字
印数:0 001—4 000 定价:32.00元

面向 21 世纪高等院校会计类核心课程实验实训教材系列

编 委 会

主　任：陆竞红

副主任：陈云娟　毛卫东

委　员：陈云娟　陈赛珍　陈委委　毛卫东
　　　　陆竞红　汪　静　王　攀　王家华
　　　　王艳超　熊晓花　杨　洁　虞拱辰
　　　　叶小平

前 言

会计作为一门应用性学科,不但要求学生具有扎实的理论基础,还需要具备较强的动手能力,做到理论与实践的完美结合,从而达到为社会培养所需人才的目的。成本会计是财务会计的一个重要分支,是财经类本科专业继基础会计、中级财务会计之后开设的一门重要的专业课程,其基本职能是对企业生产经营管理中发生的成本费用进行核算和监督,具有很强的实践性。因此,成本会计的实践教学是该课程教学过程中一个重要的、必不可少的环节。我们认为,最有效的实践教学方式应是让学生去企业,在老师的现场指导下,从事具体的成本会计核算工作,进行实际训练,但由于企业的会计资料大都属于商业秘密,成本会计资料更是如此,因此,只能在校内进行模拟实训。

传统的成本会计校内实践教学大都是在会计综合模拟实验中进行手工或电算化实习,而会计综合模拟实验是在学生学完基础会计、中级财务会计和成本会计课程之后安排的一个综合实践教学环节,该实验滞后于成本会计课程的教学,这样不利于成本会计理论与实践的及时结合,影响教学效果,因此有必要在成本会计课程结束后进行成本会计实训。通过教师的指导,运用所学的专业知识,独立地完成各种成本核算方法的实际操作,使学生比较系统地练习工业企业成本核算的基本程序和具体操作方法,加强学生对基本理论的理解、基本方法的运用和基本技能的训练,从而对工业企业成本核算全过程有一个系统、完整的认识,达到对成本会计理论和方法融会贯通的目的,为他们毕业后走上工作岗位缩短适应期,并尽快地胜任成本会计核算工作奠定坚实的基础。成本会计实训时间最好在成本会计课程结束之后集中安排。

本教材获得"浙江师范大学行知学院重点教材项目"立项与资助,由浙江师范大学王家华、陈赛珍负责具体的编写工作,可供财经类全日制院校、职业学校的学生使用,也可供在职会计人员培训使用。由于作者经验不足,水平有限,加之编写仓促,书中难免存在不妥之处,恳请读者批评指正。

编　者

2018 年 1 月

目 录

前言 / 1

第一章　模拟实训的目的、内容和操作要求 / 1
　　一、成本会计模拟实训的目的 / 1
　　二、成本会计模拟实训的内容 / 1
　　三、成本会计模拟实训的操作要求 / 2

第二章　模拟实习公司概述 / 3
　　一、公司概况 / 3
　　二、公司会计制度及说明 / 3

第三章　模拟经济业务实训资料 / 8
　　一、成本会计综合实训经济业务说明 / 8
　　二、原始凭证及相关费用成本明细账 / 11
　　三、成本费用明细表 / 121

附录 / 127
　　附录一：辅助生产费用分配法 / 127
　　附录二：完工产品与月末在产品之间分配费用方法 / 130
　　附录三：产品成本计算方法 / 132

第一章　模拟实训的目的、内容和操作要求

一、成本会计模拟实训的目的

成本会计岗位属于掌握企业商业秘密的岗位,企业一般不便接受在校学生的实地参观、实践,这种工作性质,使得成本会计课程的社会实践受到限制。因此,成本会计课程的社会实践主要采取在学校实验室以会计模拟的方式进行,通过设计丰富、逼真、系统的企业会计操作系统,使学生真实体验会计信息确认、分析、归集、编报的过程。为开展好成本会计实践性教学,首先必须明确成本会计实训教学的目的:

1. 成本会计模拟实训主要是通过会计实验室、课堂等场所进行成本会计核算的模拟实训,以使学生掌握填制和审核工业企业在产品生产过程中产生的各种原始凭证、编制和审核记账凭证、编制原始凭证汇总表和汇总记账凭证,以及登记各种成本费用、明细账和总账的方法,从而熟练掌握成本会计账务处理程序。

2. 通过成本会计模拟实训,再对照成本会计理论学习,将所学的基本理论、基本原理和基本技术方法与成本会计具体核算操作的实际相结合,坚持理论联系实际,从而加深对成本会计的认识,提高对所学专业的兴趣。

3. 在成本会计模拟实训操作过程中,能将具体核算步骤同所学的基本理论和基本方法结合起来。通过边实训、边学习、边思考和边总结,巩固所学的成本会计理论和方法,并弥补书本知识的不足。

4. 通过成本会计模拟实训,培养会计人员懂理论、善操作的理论联系实际的工作作风,造就大批对本职工作认真、细致、踏实肯干、兢兢业业的会计人员。

二、成本会计模拟实训的内容

成本会计模拟实训主要包括:

1. 工业企业产品生产过程中相关原始凭证的填制和审核;
2. 根据审核无误的原始凭证填制记账凭证并审核;
3. 根据企业的需要设置各种成本费用、明细账和总账;
4. 根据辅助生产成本明细账,编制辅助生产费用分配表;
5. 根据制造费用明细账,编制制造费用分配表;
6. 根据基本生产成本明细账,计算完工产品成本与月末在产品成本,并对完工产品成本进行成本还原;
7. 根据本月费用、产品成本资料及月初资料,编制有关费用及产品成本明细表;
8. 根据产品成本明细表及其有关计划资料,对可比产品成本计划降低额、计划降低率完成情况进行分析;
9. 为了巩固并掌握成本会计的其他计算方法,针对前述没有运用到的方法,根据附录提供的资料进行计算与分配。

三、成本会计模拟实训的操作要求

实施成本会计模拟实训时,一般应遵守以下要求:

1. 以模拟企业实际发生的经济业务作为实训内容,安排在成本会计课程相关内容讲授之后或全部课程讲授之后集中实训。

2. 完全按照生产企业或实际部门组织成本会计核算的程序、方法及所使用的真实的证、账、表来组织成本会计模拟实训,使成本会计模拟实训更具真实感。

3. 必须按照会计制度规定,用蓝、黑墨水笔填制凭证、登记账簿,不得随意用红笔记录。

4. 会计数字的书写要符合要求,发现登账和结账过程中有记账错误时,必须用正确的方法予以更正。

5. 模拟实训的业务内容和类型是企业实际发生的经济业务,应按照财政部最新会计准则规定及产品成本核算的办法进行核算和操作。

第二章 模拟实习公司概述

一、公司概况

金华市强力机械有限公司是一家多步骤大批量生产的企业,全厂占地面积为6万平方米,注册资本金600万元,其中海塘股份有限公司占70%,大洛股份有限公司占20%,河海有限责任公司占10%。公司地址:金华市大板街66号。开户银行:中国工商银行海塘支行,账号:8145105867081002。纳税登记号:9133011078862398。公司设有两个基本生产车间,分别为第一基本生产车间和第二基本生产车间,主要生产甲产品和乙产品;其生产流程是第一基本车间生产完工甲半成品与乙半成品,直接移交第二基本生产车间加工成甲产品与乙产品,另设有供汽和运输两个辅助生产车间,主要为基本生产车间及管理部门提供取暖和运输等服务。

二、公司会计制度及说明

本公司执行2006年2月15日财政部发布的《企业会计准则》。

1. 存货的核算:

存货采用实际成本计价法,发出原材料采用全月一次加权平均法,周转材料采用一次摊销法。

2. 产品成本计算方法采用综合结转分步法,材料在生产开始时一次投入,产品生产顺序经过第一车间、第二车间,第一车间完工的甲、乙半成品直接移交第二车间继续加工,最终加工成甲产品和乙产品。其发生的共同费用,如固定资产折旧、车间管理人员薪酬、一般材料消耗等,先通过"制造费用"账户核算,月终按生产产品工时比例分配转入各产品成本。生产费用在完工产品和在产品之间分配,采用约当产量法。

3. 供汽车间和运输车间不设置"制造费用"账户,各辅助生产车间为提供劳务发生的各项间接费用,直接记入"生产成本——辅助生产成本"账户。辅助生产车间为提供劳务发生的费用采用直接分配法,即分配辅助生产费用时不考虑辅助生产内部相互提供的劳务量,即不经过辅助生产成本的交互分配,直接将各辅助生产车间发生成本分配给辅助生产车间以外的各个受益单位或产品。

4. 各项费用分配率精确至0.0001,尾数由最后的受益对象承担。

5. 本公司设置以下三个成本项目:

(1) 直接材料(或半成品)。直接材料包括企业生产产品或提供劳务过程中实际消耗的原材料及主要材料、辅助材料、备品配件、燃料以及其他直接材料;半成品是指本步骤所耗用的上步骤半成品的成本。

(2) 直接人工。直接人工包括公司直接从事生产产品或提供劳务的生产工人工资以及其他各种形式的职工薪酬。

(3) 制造费用。制造费用包括企业为生产产品和提供劳务而发生的各项间接成本,包括生产车间管理人员的工资等职工薪酬、折旧费、办公费、水电费、机物料消耗、劳动保护费、季节性和修理期间的停工损失等。

6. 社会保险费及工会经费:

(1) 缴费基数。企业按工资总额的40%部分和规定比例计算缴纳"五险";公司工会经费,按工资总额 2% 计提。

（2）费率：

养老保险基金——12%（企业缴纳）；

生育保险基金——1%（企业缴纳）；

工伤保险基金——2.5%（企业缴纳）；

失业保险基金——1%（企业缴纳）；

医疗保险基金——2%（企业缴纳）。

7. 有关账户的期初余额资料如下：

原材料明细账

材料名称	计量单位	数量	单位成本	金额	备注
A材料	吨	60	5 400	324 000	
B材料	吨	55	4 050	222 750	
D材料	吨	40	1 800	72 000	
合计	×	×	×	618 750	

基本生产成本明细账

产品名称	计量单位	在产品数量	直接材料（或半成品）	直接人工	制造费用	合计
甲半成品	台	10	35 000	4 500	3 000	42 500
乙半成品	台	5	40 000	4 200	3 400	47 600
甲产品	台	6	30 000	2 000	1 600	33 600
乙产品	台	3	28 000	2 600	2 300	32 900
合计	×	×	133 000	13 300	10 300	156 600

在途物资明细账

材料名称	计量单位	数量	买价	运杂费	途中合理损耗	整理挑选费用	其他	合计	供货单位
A材料	吨	84	略					449 400	安徽省蚌埠机械厂
B材料	吨	64						257 600	安徽省蚌埠机械厂
合计								707 000	

周转材料明细账

材料名称	计量单位	数量	单位成本	金额	备注
低值易耗品	千克	20	1 000	20 000	
合计				20 000	

应付利息明细账

贷款项目	贷款本金	贷款利率	已计提利息
略	略		
合计			4 000

8. 其他有关成本、费用明细表资料如下：

编制单位：金华市强力机械有限公司

全部产品生产成本明细表（按产品种类反映）

2016 年 11 月

金额单位：元

产品名称	计量单位	实际产量 本月	实际产量 本年累计	单位成本 上年实际平均	单位成本 本年计划	单位成本 本月实际	单位成本 本年累计实际平均	本月总成本 按上年实际平均单位成本计算	本月总成本 按本年计划单位成本计算	本月总成本 本期实际	本年累计总成本 按上年实际平均单位成本计算	本年累计总成本 按本年计划单位成本计算	本年累计总成本 本年实际
		(1)	(2)	(3)	(4)	(5)=(9)÷(1)	(6)=(12)÷(2)	(7)=(1)×(3)	(8)=(1)×(4)	(9)	(10)=(2)×(3)	(11)=(2)×(4)	(12)
可比产品合计								1 545 029.39	1 541 600	1 541 604.65	16 805 762.56	16 768 000	16 767 001.60
甲产品	台	115	1 280	6 102.17	6 080	6 081.23	6 081.47	701 749.55	699 200	699 341.45	7 810 777.60	7 782 400	7 784 281.60
乙产品	台	72	768	11 712.22	11 700	11 698.10	11 696.25	843 279.84	842 400	842 263.20	8 994 984.96	8 955 600	8 982 720.00
不可比产品 丙产品 丁产品		略											
全部产品													

可比产品计划降低额：40 194.30 元

可比产品计划降低率：0.222 4%

计划产品量：甲产品 1 350 台，乙产品 840 台。

制造费用明细表

车间名称：第一基本生产车间

费用项目	全年计划数	上年12月份实际数	本年1～11月份累计数	备注
职工薪酬	180 000	15 097.20	172 456.75	
机物料消耗	254 400	21 260.00	226 409.12	
低值易耗品摊销	4 800	390.00	4 327.62	
劳动保护费	43 320	3 600.00	38 826.70	
水电费	17 400	1 457.68	16 321.47	
折旧费	118 800	9 990.00	109 383.28	
保险费	720	720.00	0	
办公费	7 320	612.00	6 578.32	
运输费	480 800	40 168.40	442 130.56	
取暖费	200 000	42 917.48	163 041.45	
其他	0	0	5 030.00	
合计	1 307 560	136 212.76	1 184 505.27	

制造费用明细表

车间名称：第二基本生产车间

费用项目	全年计划数	上年12月份实际数	本年1～11月份累计数	备注
职工薪酬	191 200	15 980.66	176 432.67	
机物料消耗	166 200	13 820.08	153 120.40	
低值易耗品摊销	24 000	2 050.47	21 960.87	
劳动保护费	41 040	3 448.34	37 828.64	
水电费	19 200	1 598.71	17 605.21	
折旧费	112 200	9 364.36	102 850.46	
保险费	720	720.00	0	
办公费	7 200	595.10	6 580.72	
运输费	438 000	37 479.08	412 478.32	
取暖费	210 000	42 012.17	168 020.12	
其他	0	0	2 143.65	
合计	1 209 760	127 068.97	1 099 021.06	

财务费用明细表

费用项目	全年计划数	上年12月份实际数	本年1～11月份累计数	备注
利息支出	120 000	10 476	110 500	
汇兑损失	2 000		2 500	
金融机构手续费	540	64.28	600	
其他筹资费用	0		0	
合计	122 540	10 540.28	113 600	

销售费用明细表

费用项目	全年计划数	上年12月份实际数	本年1～11月份累计数	备注
职工薪酬	600 000	51 458.55	567 783.70	
机物料消耗	19 200	1 635.00	17 650.00	
低值易耗品摊销	6 000	500.00	5 400.00	
展览费	30 000	24 480.00	0	
广告费	180 000	16 030.00	165 543.26	
差旅费	22 200	1 235.62	23 768.53	
运输费	144 000	12 496.68	144 486.65	
水电费	4 800	432.46	4 406.76	
折旧费	5 800	458.67	5 060.24	
保险费	300	280.00	0	
产品质量保证费	335 000	29 978.65	345 341.50	
办公费	2 400	224.00	2 065.00	
取暖费	6 000	1 430.47	5 245.67	
其他	0	0	1 435.00	
合计	1 355 700	140 640.10	1 288 186.31	

管理费用明细表

费用项目	全年计划数	上年12月份实际数	本年1～11月份累计数	备注
职工薪酬	1 740 000	139 879.85	1 584 360.63	
机物料消耗	21 600	1 635.00	18 758.37	
低值易耗品摊销	12 600	1 000.00	11 076.00	
差旅费	48 000	3 804.00	42 504.80	
业务招待费	60 000	4 313.28	48 060.72	
修理费	30 000	14 004.34	17 849.53	
排污费	2 100	2 100.00	0	
水电费	12 000	896.00	11 308.06	
折旧费	54 000	4 880.00	52 683.62	
保险费	1 350	1 400.00	0	
办公费	42 000	36 009.64	39 600.00	
无形资产摊销	40 800	3 500.00	38 500.00	
存货盘亏或毁损（减盘盈）	0	298.63	1 637.82	
取暖费	24 200	4 031.08	18 041.52	
运输费	48 000	5 601.50	42 405.30	
报刊费	4 800	5 000.00	0	
其他	0	1 800.00	6 738.50	
合计	2 141 450	231 153.32	1 933 524.87	

第三章 模拟经济业务实训资料

一、成本会计综合实训经济业务说明

1. 12月2日,将一张面值为288 000元的银行承兑汇票,向银行申请贴现,取得贴现款285 000元。

2. 12月2日,上月所购入的A材料84吨和B材料64吨,现验收入库。

3. 12月3日,基本生产车间领用材料:A材料75吨,B材料70吨。

4. 12月6日,从金华市劳保用品商店购进劳保用品,当即由各部门领用。一车间3 600元,二车间3 450元,供汽车间900元,机修车间750元,共计8 700元,增值税1 479元。

5. 12月9日,以电汇方式支付给义乌市卧龙广告有限公司产品样品展览费24 500元,增值税1 470元,及汇款手续费25.97元,共计25 995.97元。

6. 12月10日,辅助生产车间领用D材料20吨,其中供汽车间12吨,运输车间8吨。

7. 12月11日,向金华恒丰机械厂购入A材料50吨,货款262 000元,增值税44 540元,货税款合计306 540元,款项已支付,材料已验收入库。

8. 12月12日,通过网银转账支付给金华双龙物业有限公司清洁费4 716.98元,增值税283.02元,共计5 000元。

9. 12月13日,向银行申请取得银行汇票一份,面值350 000元,另支付手续费18元。

10. 12月16日,从江苏金山商贸公司购入B材料25吨,金额100 000元,增值税17 000元,材料已验收入库,货税款以银行汇票予以结算,多余款项已退回;另应支付给江苏长通运输公司的运输费1 800元,增值税198元,共计1 998元,尚未支付。

11. 12月17日,以现金支付刻制公司印章费40元。

12. 12月17日,产品生产完工验收入库,其中甲产品75台,乙产品35台。

13. 12月18日,基本生产车间领用材料:A材料65吨,B材料60吨。

14. 12月18日,领用周转材料11.5千克,其中基本生产一车间4千克,二车间2千克,供汽车间1千克,运输车间3千克,行政管理部门1千克,销售机构0.5千克。

15. 12月18日,向江苏永华电子机械厂购入D材料40吨,单价1 750元,金额70 000元,增值税11 900元,材料已验收入库,货税款未付。

16. 12月19日，仓库发出D材料22吨，其中：基本生产一车间12吨，基本生产二车间8吨，公司管理部门1吨，销售机构1吨。

17. 12月19日，开出转账支票一张支付本公司职工培训费3 018.87元，增值税181.13元。

18. 12月19日，向金华市百果文化用品商店购买办公用品一批，当即由各部门领用，价款3 160元，增值税537.20元，共计3 697.20元，款项已通过网银转账支付。

19. 12月19日，公司员工王允因公出差，向公司预借差旅费3 000元，通过网银转账支付。

20. 12月20日，以现金折扣方式向金华金信贸易有限公司销售甲产品20台，每台售价8 000元，乙产品30台，每台售价15 000元，增值税税率17％，产品已发出。合同规定现金折扣条件为不含税价款：1/10，0.5/20，n/30。

21. 12月24日，通过网银转账支付太平洋保险公司财产保险费3 600元，增值税216元，共计3 816元。

22. 12月24日，收到工商银行转来的存款利息收入600元。

23. 12月24日，用现金支付过桥过路费1 000元。

24. 12月25日，通过网银转账支付餐费4 360元。

25. 12月25日，开出转账支票一张，面额为5 850元，用以支付2 017年度，报刊费5 000元，增值税850元，共计5 850元。

26. 12月26日，王允出差回来报销差旅费3 774元，通过网银转账补付差旅费774元。

27. 12月26日，以银行存款支付排污费2 100元。

28. 12月27日，向金华新伟物资经营公司出售生产车间A材料下脚料2吨，价款2 000元，增值税340远了，合计2 340元，货税款已存入银行。

29. 12月27日，通过工商银行向中国电信金华分公司支付12月电信服务费2 620.71元，增值税230.78元，共计2 851.49元。

30. 12月30日，完工产品验收入库，其中甲产品45台，乙产品35台。

31. 12月30日，收到工商银行通知，支付本季贷款利息6 000元。

32. 12月30日，公司开出转账支票向金华星星广告有限公司支付广告费16 000元，增值税款960元，共计16 960元。

33. 12月30日，发生办公楼维修费14 234.23元，增值税1 565.77元，共计15 800元，款项尚未支付。

34. 12月30日,通过网银转账收到金华金信贸易有限公司货税款共计707 600元,已按合同规定扣除了其所享受的现金折扣。

35. 12月31日,通过财产清查发现A材料盘盈0.2吨,批准予以转销。

36. 12月31日,根据"外购水费分配表"分配水费。

37. 12月31日,根据"外购电费分配表"分配电费。

38. 12月31日,根据"固定资产折旧计算表"计提本期固定资产折旧。

39. 12月31日,按规定使用年限摊销无形资产。

40. 12月31日,按本月销售总额及计提比例,计提产品质量保证费。

41. 12月31日,根据"工资结算汇总表"及有关其他资料编制"工资费用分配表"。

42. 12月31日,根据工资总额及计提比例,计提12月份应缴社会保险费、工会经费。

43. 12月31日,结转发出材料、销售材料的成本。

44. 12月31日,根据辅助生产成本明细账及辅助生产车间提供的劳务量,分配结转辅助生产费用。

45. 12月31日,根据基本生产车间制造费用明细账分配结转制造费用。

46. 12月31日,根据基本生产成本明细账,采用综合结转分步法,计算本期完工甲半成品、乙半成品及完工甲产品、乙产品的生产成本,并结转完工产品成本。

47. 12月31日,根据本月所产的完工甲半成品、乙半成品的成本结构,对完工甲产品、乙产品进行成本还原。

48. 12月31日,根据本月的产品成本及费用资料、上月的产品成本表及有关费用明细表,编制12月份产品生产成本明细表及各种费用明细表,根据产品生产成本明细表等有关资料,对产品成本计划降低完成情况进行分析。

二、原始凭证及相关费用成本明细账

银行承兑汇票

2XI02985782

1-1　签发日期(大写)贰零壹陆年壹拾壹月零叁日　　第　号

收款人	全称	金华市强力机械有限公司	承兑申请人	全称	河南泰丰有限公司
	账号	81451058675081002		账号	5458675222822
	开户行	工商银行海塘支行　行号 108		开户行	中行方兴支行

汇票金额	人民币(大写)贰拾捌万捌仟元整	千百十万千百十元角分 ￥ 2 8 8 0 0 0 0 0

汇票到期日	2017 年 02 月 11 日

本汇票送存你银行承兑,并确认《银行结算办法》和承兑协议的各项规定。
此致
承兑银行
承兑申请人签章
　　　　　2016 年 11 月 3 日

承兑协议编号

交易合同号码发票

科目(付)

对方科目(收)

转账

本汇票经本行承兑,到期日由本行付交。

[工商银行海塘支行 财务专用章]

承兑银行盖章
　　　　　2016 年 11 月 03 日

汇票签发人盖章　[金胜平印]

负责经办

日期　年　月　日

复核　　　记账

此联收款人开户银行向承兑银行收取票款时作联行往来账付出传票

1-2　　　　　　　　　　　国内业务收款回单

客户号：123196686　　　　　　　　　　　日期：2016 年 12 月 02 日
收款人账号：81451058675081002
收款人名称：金华市强力机械有限公司
收款人开户行：工行海塘支行
金额：CNY285 000.00
人民币：贰拾捌万伍仟元整

业务种类：银行汇票贴现　业务编号：65071873　　凭证号码：
用途：贴现
附言：
自助打印,请避免重复
交易机构：27669　　交易渠道：网上银行　交易流水号：612400898—662

回单编号：20161223265429168　回单验证码：687L6PUTR9RT　打印时间：　打印次数：
打印时间：2016-12-02　10：50：10

1-3 国内业务付款回单

客户号：115199886　　　　　　　　　日期：2016 年 12 月 02 日
付款人账号：81451058675081002
付款人名称：金华市强力机械有限公司
付款人开户行：工行海塘支行
金额：CNY 3 000.00
人民币：叁仟元整

业务种类：银行汇票贴现　业务编号：65071874　　凭证号码：
用途：贴现利息
备注：
附言：
自助打印，请避免重复
交易机构：27669　交易渠道：网上银行　交易流水号：612400899-66　经办：
回单编号：20161223265429169　回单验证码：687L6PUTR9RT　打印时间：　打印次数：
打印时间：2016-12-02　10:50:10

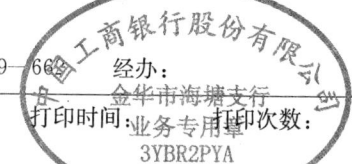

3YBR2PYA
KEW9LKHD

2-1 入库单

收料部门：1号仓库　　　2016 年 12 月 02 日　　　收字第　　号

种类	编号	名称	规格	数量	计量单位	单价	千	百	十	万	千	百	十	元	角	分
材料		A原材料	DX0011	84	吨	5 350.00		4	4	9	4	0	0	0	0	0
材料		B原材料	DE0012	64	吨	4 025.00		2	5	7	6	0	0	0	0	0
合计							¥	7	0	7	0	0	0	0	0	0
备注	供货单位：安徽省蚌埠机械厂

负责人：孙立　　记账：李涛　　验收：张华　　填单：刘为

第三联　财务记账

3-1 出库单

发货仓库：1号仓库
领料部门：第一车间生产甲半成品　　2016 年 12 月 03 日　　第　　号

种类	编号	名称	单位	请领数量	实发数量	单位成本	金额	领料人签章
材料		B原材料	吨	70	70			徐华伟

负责人：王克强　　领料人：徐华伟　　发料人：黄改云　　填单：徐华伟

第三联　财务记账

3-2

出库单

发货仓库：1号仓库

领料部门：第一车间生产乙半成品　　2016年12月03日　　　　　　　第　　号

种类	编号	名称	单位	请领数量	实发数量	单位成本	金额	领料人签章
材料		A原材料	吨	75	75			徐华伟

负责人：王克强　　　领料人：徐华伟　　　发料人：黄改云　　　填单：徐华伟

第三联　财务记账

4-1

33075436287

浙江省增值税专用发票

发票联

No07243856

开票日期：2016年12月06日

检验码　72394 82033 11307 96345

购货单位	名称：金华市强力机械有限公司 纳税人识别号：9133011078862398 地址、电话：金华市大板街66号 开户行及账号：工行海塘支行 81451058675081002	密码区	<6>958317<*4+-5+1327+-7/*64 >2115994831/9258<99/<984396 0302126<0871<9943*/3750<+-7 /*64>2115994831771/*65398>95

货物或应税劳务、服务名称	规格型号	单位	数量	单价	金额	税率	税额
劳保用品					8 700.00	17%	1 479.00
合计					￥8 700.00	17%	￥1 479.00

价税合计（大写）　壹万零壹佰柒拾玖元整　　　　　　　　　　（小写）￥10 179.00

销货单位	名称：金华市劳保用品商店 纳税人识别号：913301474552750007 地址、电话：金华市彩虹路90号 开户行及账号：工行彩虹支行 81451058675598416	备注	网络发票号为：335376846311 查验比对：您可通过www.zjtax.gov.cn或纳税服务平台查验比对发票内容和服务局申报内容是否一致，以免不一致造成的后果

收款人：　　复核：　　开票人：吴平　　销货单位：（章）

第三联发票联：购货方记账凭证

4-2

33075436287

浙江省增值税专用发票

No 07243856

抵扣联

开票日期：2016 年 12 月 06 日

检验码　72394 82033 11307 96345

购货单位	名称：金华市强力机械有限公司 纳税人识别号：9133011078862398 地址、电话：金华市大板街 66 号 开户行及账号：工行海塘支行 81451058675081002	密码区	<6>958317<*4+-5+1327+-7/*64 >2115994831/9258<99/<984396 0302126<0871<9943*/3750<+-7 /*64>2115994831771/*65398>95

货物或应税劳务、服务名称	规格型号	单位	数量	单价	金额	税率	税额
劳保用品					8 700.00	17%	1 479.00
合计					¥8 700.00	17%	¥1 479.00

价税合计（大写）	壹万零壹佰柒拾玖元整	（小写）¥10 179.00

销货单位	名称：金华市劳保用品商店 纳税人识别号：9133014745527500007 地址、电话：金华市彩虹路 90 号 开户行及账号：工行彩虹支行 81451058675598416	备注	网络发票号为：335376846311 查验比对：您可通过 www.zjtax.gov.cn 或 纳税服务平台查验比对发票内容和税务局 申报内容是否一致，以免不一致造成的 后果

收款人：　　　复核：　　　开票人：吴平　　　销货单位：（章）

4-3

国内业务付款回单

客户号：115199886　　　　　　　　　　　日期：2016 年 12 月 06 日
付款人账号：81451058675081002　　　　收款人账号：81451058675598416
付款人名称：金华市强力机械有限公司　　收款人名称：金华市劳保用品商店
付款人开户行：工行海塘支行　　　　　　收款人开户行：工行彩虹支行
金额：CNY10 179.00
人民币：壹万零壹佰柒拾玖元整

业务种类：转账支出　　业务编号：65257895　　凭证号码：
用途：购买劳保用品
备注：
附言：
自助打印，请避免重复
交易机构：27669　　交易渠道：网上银行　　交易流水号：659867827-632　　经办：

回单编号：20161220665422567　　回单验证码：687L6PUTR9RT

打印时间：2016-12-06　11:30:21

打印时间、打印次数：
3YBR2PYA
KEW9LKHD

4-4

劳保用品领用汇总表

2016 年 12 月 06 日

领用部门	名称	数量	单价	金额	领用人签名
基本生产一车间	工作服、手套、口罩			3 600.00	林冰
基本生产二车间	工作服、手套、口罩	略		3 450.00	王政
供汽车间	工作服、手套、口罩			900.00	黄金良
运输车间	工作服、手套、口罩			750.00	许莱方
合计				¥8 700.00	

主管部门：总务科　　　负责人：金昊东　　　保管：　　　制单：李涛

4-5

销售货物或提供劳务清单

买方名称：金华市强力机械有限公司
销售方名称：金华市劳保用品商店
所属增值税专用发票代码：3307543687　号码：07243856　　　共1页第1页

序号	货物劳务名称	规格型号	单位	数量	单价	金额	税率	税额
1	工作服		套	80	93.75	7 500.00	17%	1 275.00
2	手套		双	80	10.00	800.00	17%	136.00
3	口罩		个	800	0.50	400.00	17%	68.00
合计						¥8 700.00	17%	¥1 479.00

5-1

浙江省增值税专用发票

3301677827　　　　　　　　　发票联　　　　　　　　　No08878831

开票日期：2016 年 12 月 09 日

检验码　72394 82033 11307 96254

购货单位	名称：金华市强力机械有限公司 纳税人识别号：913301107886398 地址、电话：金华市大板街66号 开户行及账号：工行海塘支行 81451058675081002	密码区	<6>958317<*4+-5+1327+-7/*64 >2115994831/9258<99/<984396 0302126<0871<9943*/3750<+-7 /*64>2115994831771/*67518>95

货物或应税劳务、服务名称	规格型号	单位	数量	单价	金额	税率	税额
样品展览费					24 500.00	6%	1 470.00
合计					¥24 500.00	6%	¥1 470.00

价税合计（大写）　贰万伍仟玖佰柒拾元整　　　（小写）¥25 970.00

销货单位	名称：义乌市卧龙广告有限公司 纳税人识别号：420563426735655 地址、电话：义乌市北山路7号 开户行及账号：交通银行北山支行 61451046675081123	备注	网络发票号为：335376853411 查验比对：您可通过www.zjtax.gov.cn或 纳税服务平台查验比对发票内容和税务局 申报内容是否一致，以免不一致造成的 后果

收款人：　　复核：　　开票人：李画　　销货单位：（章）

5-2

3301677827

浙江省增值税专用发票

No 08878831

抵扣联

开票日期：2016 年 12 月 09 日

检验码：72394 82033 11307 96345

购货单位	名称：金华市强力机械有限公司 纳税人识别号：9133011078862398 地址、电话：金华市大板街 66 号 开户行及账号：工行海塘支行 81451058675081002	密码区	<6>958317<*4+-5+1327+-7/*64 >2115994831/9258<99/<984396 0302126<0871<9943*/3750<+-7 /*64>2115994831771/*65398>95

货物或应税劳务、服务名称	规格型号	单位	数量	单价	金额	税率	税额
样品展览费					24 500.00	6%	1 470.00
合计					¥24 500.00	6%	¥1 470.00

价税合计（大写）	贰万伍仟玖佰柒拾元整	（小写）¥25 970.00

销货单位	名称：义乌市卧龙广告有限公司 纳税人识别号：420563426735655 地址、电话：义乌市北山路 7 号 开户行及账号：交通银行北山支行 61451046875081123	备注	网络发票号为：335376846311 查验比对：您可通过 www.zjtax.gov.cn 或纳税服务平台查验比对发票内容和税务局申报内容是否一致，以免不一致造成的后果

收款人： 复核： 开票人：李画 销货单位：（章）

5-3

国内业务付款回单

客户号：115199886　　　　　　　　　　　　日期：2016 年 12 月 09 日
付款人账号：81451058675081002
付款人名称：金华市强力机械有限公司
付款人开户行：工行海塘支行
金额：CNY25.97
人民币：贰拾伍元玖角柒分

业务种类：收费　　业务编号：65248757
用途：汇兑手续费
备注：
附言：
自助打印,请避免重复
交易机构：27669　　交易渠道：网上银行　　交易流水号：659832698-566

回单编号：20161201965422668　　回单验证码：698L6PUTR9KY

打印时间：2016-12-09　10:15:15

5-4

中国工商银行电子汇兑凭证

凭证号码 3744473

委托日期 2016 年 12 月 09 日　　　　第　　号

汇款人	全称	金华市强力机械有限公司	收款人	全称	义乌市卧龙广告有限公司
	账号或住址	81451058675081002		账号或住址	614510468750811123
	汇出地	浙江省金华市		汇入地	浙江省义乌市
	汇出行全称	工商银行海塘支行		汇入行全称	交行北山支行

金额	人民币(大写)贰万伍仟玖佰柒拾元整	千	百	十	万	千	百	十	元	角	分
				¥	2	5	9	7	0	0	0

汇款用途：样品展览费

注：如需加急，请汇款人在括号里注明"加急"字样。(　　)

（盖章：中国工商银行股份有限公司 金华市海塘支行 业务专用章 3YBR2PYA KEW9LKHD）

第一联 汇出行给汇款人的回单

6-1

出库单

发货仓库：1号仓库

领料部门：供汽车间　　　　2016 年 12 月 10 日　　　　第　　号

种类	编号	名称	单位	请领数量	实发数量	单位成本	金额	领料人签章
材料		D原材料	吨	12	12			金中伟

负责人：李肖园　　　领料人：金中伟　　　发料人：黄改云　　　填单：金中伟

第三联 财务记账

6-2

出库单

发货仓库：1号仓库

领料部门：运输车间　　　　2016 年 12 月 10 日　　　　第　　号

种类	编号	名称	单位	请领数量	实发数量	单位成本	金额	领料人签章
材料		D原材料	吨	8	8			虞新

负责人：赵星日　　　领料人：虞新　　　发料人：黄改云　　　填单：虞新

第三联 财务记账

7-1

3307023667

浙江省增值税专用发票

No08871885

发票联

开票日期：2016年12月11日

检验码　72394 82033 11307 96345

购货单位	名称：金华市强力机械有限公司 纳税人识别号：9133011078862398 地址、电话：金华市大板街66号 开户行及账号：工行海塘支行 81451058675081002	密码区	<6>958317<*4+-5+1327+-7/*64 >2115994831/9258<99/<984396 0302126<0871<9943*/3750<+-7 /*64>2115994831771/*65398>95

货物或应税劳务、服务名称	规格型号	单位	数量	单价	金额	税率	税额
材料	DX0011		50	5 240.00	262 000.00	17%	44 540.00
合计					￥262 000.00	17%	￥44 540.00

价税合计（大写）	叁拾万陆仟伍佰肆拾元整	（小写）￥306 540.00

销货单位	名称：金华恒丰机械厂 纳税人识别号：420563426735637 地址、电话：金华市五里路23号 开户行及账号：工商银行五里支行 42045276341	备注	网络发票号为：335376846211 查验比对：您可通过www.zjtax.gov.cn或 纳税服务平台查验比对发票内容和税务局 申报内容是否一致，以免不一致造成的 后果

收款人：　　　复核：　　　开票人：刘叶　　　销货单位：（章）

7-2

3307023667

浙江省增值税专用发票

No08871885

抵扣联

开票日期：2016年12月11日

检验码　72394 82033 11307 96345

购货单位	名称：金华市强力机械有限公司 纳税人识别号：9133011078862398 地址、电话：金华市大板街66号 开户行及账号：工行海塘支行 81451058675081002	密码区	<6>958317<*4+-5+1327+-7/*64 >2115994831/9258<99/<984396 0302126<0871<9943*/3750<+-7 /*64>2115994831771/*65398>95

货物或应税劳务、服务名称	规格型号	单位	数量	单价	金额	税率	税额
材料	DX0011		50	5 240.00	262 000.00	17%	44 540.00
合计					￥262 000.00	17%	￥44 540.00

价税合计（大写）	叁拾万陆仟伍佰肆拾元整	（小写）￥306 540.00

销货单位	名称：金华恒丰机械厂 纳税人识别号：420563426735637 地址、电话：金华市五里路23号 开户行及账号：工商银行五里支行 42045276341	备注	网络发票号为：335376846211 查验比对：您可通过www.zjtax.gov.cn或 纳税服务平台查验比对发票内容和税务局 申报内容是否一致，以免不一致造成的 后果

收款人：　　　复核：　　　开票人：刘叶　　　销货单位：（章）

7-3

中国工商银行
转账支票存根

支票号码：XII 415131
科目：
对方科目：
签发日期：2016 年 12 月 11 日

收款人：金华恒丰机械厂
金额：¥306 540.00
用途：支付购料款
备注：

单位主管：　　　　　　　会计：

7-4

入库单

收料部门：1号仓库　　　2016 年 12 月 11 日　　　收字第　　号

种类	编号	名称	规格	数量	计量单位	单价	成本总额 千 百 十 万 千 百 十 元 角 分
材料		A 原材料	DX0011	50	吨	5 240.00	2 6 2 0 0 0 0 0
合计							¥ 2 6 2 0 0 0 0 0
备注							

负责人：孙立　　记账：李涛　　验收：张华　　填单：刘为

第三联 财务记账

8-1

3307023620

浙江省增值税专用发票

No 08871892

发票联

开票日期：2016 年 12 月 12 日

检验码　72394 82033 11307 96345

购货单位	名称：金华市强力机械有限公司 纳税人识别号：9133011078862398 地址、电话：金华市大板街 66 号 开户行及账号：工行海塘支行 81451058675081002	密码区	<6>958317<*4+-5+1327+-7/*64 >2115994831/9258<99/<984396 0302126<0871<9943*/3750<+-7 /*64>2115994831771/*65398>95
货物或应税劳务、服务名称	规格型号	单位	数量	单价	金额	税率	税额
清洁费 合计					4 716.98 ¥4 716.98	6% 6%	283.02 ¥283.02
价税合计（大写）	伍仟元整					（小写）¥5 000.00	
销货单位	名称：金华双龙物业有限公司 纳税人识别号：330106570101123 地址、电话：金华市双龙路 35 号 88802489 开户行及账号：工商银行双龙支行 33018195679	备注	网络发票号为：335376846211　查验比对： 您可通过 www.zjtax.gov.cn 或纳税服务平 台查验比对发票内容和税务局申报内容是 否一致，以免不一致造成的后果

收款人：　　复核：　　开票人：何平　　销货单位：（章）

8-2

浙江省增值税专用发票

3307023620　　　　　　　　　　　　　　　　　　　　　　　　No08871892

抵扣联

开票日期：2016年12月12日

检验码　72394 82033 11307 96345

购货单位	名称：金华市强力机械有限公司 纳税人识别号：9133011078862398 地址、电话：金华市大板街66号 开户行及账号：工行海塘支行 81451058675081002	密码区	<6>958317<*4+-5+1327+-7/*64 >2115994831/9258<99/<984396 0302126<0871<9943*/3750<+-7 /*64>2115994831771/*65398>95

货物或应税劳务、服务名称	规格型号	单位	数量	单价	金额	税率	税额
清洁费					4 716.98	6%	283.02
合计					￥4 716.98	6%	￥283.02

价税合计（大写）	伍仟元整	（小写）￥5 000.00

销货单位	名称：金华双龙物业有限公司 纳税人识别号：330106570101123 地址、电话：金华市双龙路35号 88802489 开户行及账号：工商银行双龙支行 33018195679	备注	网络发票号为：335376846311 查验比对：您可通过www.zjtax.gov.cn或纳税服务平台查验比对发票内容和税务局申报内容是否一致，以免不一致造成的后果

收款人：　　　复核：　　　开票人：何平　　　销货单位：（章）

8-3

国内业务付款回单

客户号：115199886	日期：2016年12月12日
付款人账号：81451058675081002	收款人账号：33018195679
付款人名称：金华市强力机械有限公司	收款人名称：金华双龙物业有限公司
付款人开户行：工行海塘支行	收款人开户行：工商银行双龙支行
金额：CNY5 000.00	
人民币：伍仟元整	

业务种类：转账支出　业务编号：65248872　　凭证号码：
用途：清洁费
备注：
附言：
自助打印，请避免重复
交易机构：27669　交易渠道：网上银行　交易流水号：659836799—568　经办：
回单编号：20161204965422668　回单验证码：687L6PUTR9RT　打印时间：打印次数：
打印时间：2016-12-12 12:11:15

3YBR2PYA
KEW9LKHD

9-1

中国工商银行银行汇票申请书（存根） 1

申请日期 2016 年 12 月 13 日　　　第　号

申请人	金华市强力机械有限公司	收款人	安徽黄山市电机制造公司
账号或住址	81451058675081002	账号或住址	41476558675061107
用途	支付购货款	代理付款行	工行海塘支行
汇票金额	人民币（大写）　叁拾伍万元整	千百十万千百十元角分	¥ 3 5 0 0 0 0 0 0

上列款项请从我账户内支付

申请人盖章：金华市强力机械有限公司财务专用章

科目（借）：

对方科目（贷）：

转账日期：　　年　月　日

复核：　　记账：

此联申请人保留

9-2

国内业务付款回单

客户号：115199886　　　　　　　　　　日期：2016 年 12 月 13 日
付款人账号：81451058675081002
付款人名称：金华市强力机械有限公司
付款人开户行：工行海塘支行
金额：CNY18.00
人民币：壹拾捌元整

业务种类：收费　　业务编号：65248757
用途：汇兑手续费
备注：
附言：
自助打印，请避免重复
交易机构：27669　　交易渠道：网上银行　　交易流水号：6598326987—566　　经办：

回单编号：20161201965422668　　回单验证码：698L6PUTR9KY　　打印时间：打印次数？

打印时间：2016-12-13　10:11:15

（中国工商银行股份有限公司 金华市海塘支行 业务专用章 3YBR2PYA KEW9LKHD）

10-1

4207024745

江苏省增值税专用发票　　发票联

No 08876563

开票日期：2016年12月16日

检验码　72394 82033 11307 96345

购货单位	名称：金华市强力机械有限公司 纳税人识别号：9133011078862398 地址、电话：金华市大板街66号 开户行及账号：工行海塘支行 81451058675081002	密码区	<6>958317<*4+-5+1327+-7/*64 >2115994831/9258<99/<984396 0302126<0871<9943*/3750<+-7 /*64>2115994831771/*65398>95

货物或应税劳务、服务名称	规格型号	单位	数量	单价	金额	税率	税额
材料	DE0012	吨	25	4 000	100 000.00	17%	17 000.00
合计					¥100 000.00	17%	¥17 000.00

价税合计（大写）	壹拾壹万柒仟元整	（小写）¥117 000.00

销货单位	名称：江苏金山商贸公司 纳税人识别号：420563426735637 地址、电话：金山市丰都路25号 开户行及账号：工行丰都支行 42045276341	备注	网络发票号为：335376846311 查验比对：您可通过www.zjtax.gov.cn或 纳税服务平台查验比对发票内容和税务局 申报内容是否一致，以免不一致造成的 后果

收款人：　　复核：　　开票人：李峰　　销货单位：（章）

第三联发票联：购货方记账凭证

10-2

4207024745

江苏省增值税专用发票　　抵扣联

No 08876563

开票日期：2016年12月16日

检验码　72394 82033 11307 96345

购货单位	名称：金华市强力机械有限公司 纳税人识别号：9133011078862398 地址、电话：金华市大板街66号 开户行及账号：工行海塘支行 81451058675081002	密码区	<6>958317<*4+-5+1327+-7/*64 >2115994831/9258<99/<984396 0302126<0871<9943*/3750<+-7 /*64>2115994831771/*65398>95

货物或应税劳务、服务名称	规格型号	单位	数量	单价	金额	税率	税额
材料	DE0012	吨	25	4 000	100 000.00	17%	17 000.00
合计					¥100 000.00	17%	¥17 000.00

价税合计（大写）	壹拾壹万柒仟元整	（小写）¥117 000.00

销货单位	名称：江苏金山商贸公司 纳税人识别号：420563426735637 地址、电话：金山市丰都路25号 开户行及账号：工行丰都支行 42045276341	备注	网络发票号为：335376846311 查验比对：您可通过www.zjtax.gov.cn或 纳税服务平台查验比对发票内容和税务局 申报内容是否一致，以免不一致造成的 后果

收款人：　　复核：　　开票人：李峰　　销货单位：（章）

第二联抵扣联：购货方抵扣凭证

10-3

江苏省增值税专用发票

4207024752　　　　　　　　　　　　　　　　　　　　　　No 08876672

发票联　　　　　　　　　　　　　开票日期：2016年12月16日

检验码　72394 82033 11307 96345

购货单位	名称：金华市强力机械有限公司 纳税人识别号：9133011078862398 地址、电话：金华市大板街66号 开户行及账号：工行海塘支行 81451058675081002	密码区	<6>958317<*4+-5+1327+-7/*64 >2115994831/9258<99/<984396 0302126<0871<9943*/3750<+-7 /*64>2115994831771/*65398>95

货物或应税劳务、服务名称	规格型号	单位	数量	单价	金额	税率	税额
运输费					1 800.00	11%	198.00
合计					￥1 800.00	11%	￥198.00

价税合计（大写）　壹仟玖佰玖拾捌元整　　　　　　　　　　　（小写）￥1 998.00

销货单位	名称：江苏华运物流有限公司 纳税人识别号：42056342673629 地址、电话：金山市丰都路100号 开户行及账号：工行丰都支行 42045275491	备注	网络发票号为：335376846311 查验比对：您可通过www.zjtax.gov.cn或 纳税服务平台查验比对发票内容和税务局 申报内容是否一致；以免不一致造成的 后果

收款人：　　　复核：　　　开票人：刘林　　　销货单位：（章）

10-4

江苏省增值税专用发票

4207024752　　　　　　　　　　　　　　　　　　　　　　No 08876672

抵扣联　　　　　　　　　　　　　开票日期：2016年12月16日

检验码　72394 82033 11307 96345

购货单位	名称：金华市五湖机械有限公司 纳税人识别号：9133011078862398 地址、电话：金华市长安里888号 开户行及账号：工行长安里支行 81451058675081002	密码区	<6>958317<*4+-5+1327+-7/*64 >2115994831/9258<99/<984396 0302126<0871<9943*/3750<+-7 /*64>2115994831771/*65398>95

货物或应税劳务、服务名称	规格型号	单位	数量	单价	金额	税率	税额
运输费					1 800.00	11%	198.00
合计					￥1 800.00	11%	￥198.00

价税合计（大写）　壹仟玖佰玖拾捌元整　　　　　　　　　　　（小写）￥1 998.00

销货单位	名称：江苏华运物流有限公司 纳税人识别号：42056342673629 地址、电话：金山市丰都路100号 开户行及账号：工行丰都支行 42045275491	备注	网络发票号为：335376846311 查验比对：您可通过www.zjtax.gov.cn或 纳税服务平台查验比对发票内容和税务局 申报内容是否一致；以免不一致造成的 后果

收款人：　　　复核：　　　开票人：刘林　　　销货单位：（章）

10-5

入库单

收料部门：1号仓库　　　　2016年12月16日　　　　　　收字第　　号

种类	编号	名称	规格	数量	计量单位	单价	成本总额									
							千	百	十	万	千	百	十	元	角	分
材料		B原材料	DE0012	25	吨	4 072.00		1	0	1	8	0	0	0	0
合计							¥	1	0	1	8	0	0	0	0
备注																

负责人：孙立　　　　记账：李涛　　　　验收：张华　　　　填单：刘为

第三联　财务记账

10-6

付款期限　壹个月

中国工商银行

银行汇票多余款收账通知 4

汇票号码　第 X01213

出票日期（大写）：贰零壹陆年壹拾贰月壹拾陆日　　代理付款行：长安里支行　行号：6354812

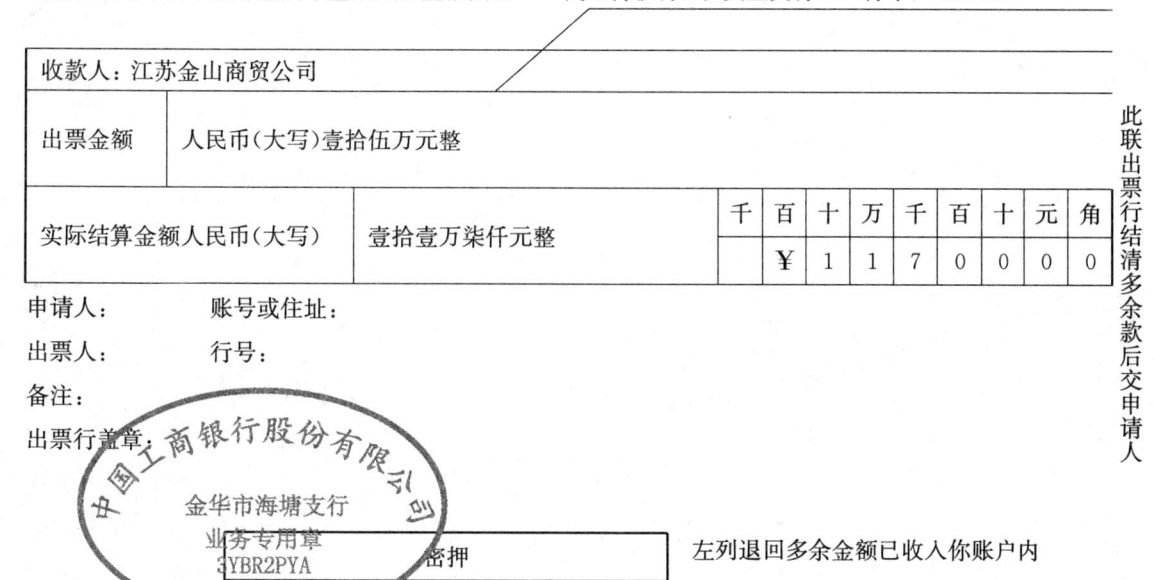

收款人：	江苏金山商贸公司									
出票金额	人民币（大写）壹拾伍万元整									
实际结算金额人民币（大写）	壹拾壹万柒仟元整	千	百	十	万	千	百	十	元	角
			¥	1	1	7	0	0	0	0

申请人：　　　账号或住址：
出票人：　　　行号：
备注：

出票行盖章：中国工商银行股份有限公司 金华市海塘支行 业务专用章 3YBR2PYA KEW9LKHD

密押

		左列退回多余金额已收入你账户内
多余金额		
千 百 十 万 千 百 十 元 角 分		
年　月　日	¥　3　3　0　0　0　0　0	财务主管：　　复核：　　经办：

此联出票行结清多余款后交申请人

11-1

<h1 style="text-align:center">金华市强力机械有限公司</h1>
<h2 style="text-align:center">零用现金报销单</h2>

申请人：财务部 2016年12月17日　　　　　　　　　　　附件共1张

付款内容	金额
刻章	40.00
（现金付讫）	
合计人民币（大写）肆拾元整	￥40.00

财务主管：×××　　审批：×××　　申请人：×××　　出纳：刘浩　　审核：孙立

11-2

3307023667　　　　**浙江省增值税普通发票**　　　　No 08878642

发票联　　　　开票日期：2016年12月17日

检验码　72394 82033 11307 96345

购货单位	名称：金华市强力机械有限公司 纳税人识别号：9133011078862398 地址、电话：金华市大板街66号 开户行及账号：工行海塘支行 81451058675081002	密码区	<6>958317<*4+-5+1327+-7/*64 >2115994831/9258<99/<984396 0302126<0871<9943*/3750<+-7 /*64>2115994831771/*65398>95

货物或应税劳务、服务名称	规格型号	单位	数量	单价	金额	税率	税额
刻章					37.74	6%	2.26
合计					￥37.74	6%	￥2.26
价税合计（大写）	肆拾元整					（小写）￥40.00	

销货单位	名称：金华综合服务有限公司 纳税人识别号：330106570101123 地址、电话：金华市白龙桥路35号 88802489 开户行及账号：工商银行白龙桥支行 33018195679	备注	网络发票号为：335376846311 查验比对：您可通过www.zjtax.gov.cn或纳税服务平台查验比对发票内容和税务局申报内容是否一致，以免不一致造成的后果

收款人：　　复核：　　开票人：马书以　　销货单位：（章）

12-1

入库单

收货部门：3号仓库　　　　　2016年12月17日　　　　　　　　收字第　　号

类别	编号	名称型号	单位	入库数量	实收数量	单位成本	成本总额									
							千	百	十	万	千	百	十	元	角	分
产品		甲产品	台	75	75											
产品		乙产品	台	35	35											
合计																
备注																

经办人：刘小山　　　　　保管：郑云强　　　　　　验收：张华　　　　　　填单：卢红

第三联　财务记账

13-1

出库单

发货仓库：1号仓库
领料部门：第一车间生产甲半成品　　　2016年12月18日　　　　　　第　　号

种类	编号	名称	单位	请领数量	实发数量	单位成本	金额	领料人签章
材料		B原材料	吨	60	60			徐华伟

负责人：王克强　　　　　领料人：徐华伟　　　　　发料人：黄改云　　　　　填单：徐华伟

第三联　财务记账

13-2

出库单

发货仓库：1号仓库
领料部门：第一车间生产乙半成品　　　2016年12月18日　　　　　　第　　号

种类	编号	名称	单位	请领数量	实发数量	单位成本	金额	领料人签章
材料		A原材料	吨	65	65			徐华伟

负责人：王克强　　　　　领料人：徐华伟　　　　　发料人：黄改云　　　　　填单：徐华伟

第三联　财务记账

14-1

出库单

发货仓库：2号仓库
领料部门：第一基本生产车间　　　2016年12月18日　　　　　　　　第　　号

种类	编号	名称	单位	请领数量	实发数量	单位成本	金额	领料人签章
周转材料				4	4			张伟
		略						

负责人：王克强　　　　领料人：张伟　　　　发料人：郑发　　　　填单：张伟

第三联　财务记账

14-2

出库单

发货仓库：2号仓库
领料部门：第二基本生产车间　　　2016年12月18日　　　　　　　　第　　号

种类	编号	名称	单位	请领数量	实发数量	单位成本	金额	领料人签章
周转材料				2	2			王国强
		略						

负责人：肖剑　　　　领料人：王国强　　　　发料人：郑发　　　　填单：王国强

第三联　财务记账

14-3

出库单

发货仓库：2号仓库
领料部门：供汽车间　　　2016年12月18日　　　　　　　　第　　号

种类	编号	名称	单位	请领数量	实发数量	单位成本	金额	领料人签章
周转材料				1	1			郑卫东
		略						

负责人：李肖园　　　　领料人：郑卫东　　　　发料人：郑发　　　　填单：郑卫东

第三联　财务记账

14-4

出库单

发货仓库：2号仓库
领料部门：运输车间　　　2016年12月18日　　　　　　　　第　　号

种类	编号	名称	单位	请领数量	实发数量	单位成本	金额	领料人签章
周转材料				3	3			金明月
		略						

负责人：赵星日　　　　领料人：金明月　　　　发料人：郑发　　　　填单：金明月

第三联　财务记账

14-5

出库单

发货仓库：2号仓库

领料部门：行政管理部门　　　2016年12月18日　　　　　　第　　号

种类	编号	名称	单位	请领数量	实发数量	单位成本	金额	领料人签章
周转材料				1	1			吴强伟
		略						

负责人：关子明　　　　领料人：吴强伟　　　　发料人：郑发　　　　填单：吴强伟

第二联　财务记账

14-6

出库单

发货仓库：2号仓库

领料部门：销售机构　　　2016年12月18日　　　　　　第　　号

种类	编号	名称	单位	请领数量	实发数量	单位成本	金额	领料人签章
周转材料				0.5	0.5			胡卫明
		略						

负责人：曹子花　　　　领料人：胡卫明　　　　发料人：郑发　　　　填单：胡卫明

第三联　财务记账

15-1

入库单

收料部门：1号仓库　　　2016年12月18日　　　　　　收字第　　号

种类	编号	名称	规格	数量	计量单位	单价	成本总额								
							千	百	十	万	千	百	十	元	角	分
材料		D原材料	CE0015	40	吨	1 750.00		7	0	0	0	0	0	0
合计							¥	7	0	0	0	0	0	0
备注														

负责人：孙立　　　　记账：李涛　　　　验收：张华　　　　填单：刘为

第三联　财务记账

15-2

3301204521

江苏省增值税专用发票

No08876662

发票联

开票日期：2016 年 12 月 18 日

检验码　72394 82033 11307 96345

购货单位	名称：金华市强力机械有限公司 纳税人识别号：9133011078862398 地址、电话：金华市大板街 66 号 开户行及账号：工行海塘支行 81451058675081002	密码区	<6>958317<*4+-5+1327+-7/*64 >2115994831/9258<99/<984396 0302126<0871<9943*/3750<+-7 /*64>2115994831771/*65398>95

货物或应税劳务、服务名称	规格型号	单位	数量	单价	金额	税率	税额
材料	D材料	吨	40	1 750.00	70 000.00	17%	11 900.00
合计					¥70 000.00	17%	¥11 900.00

价税合计（大写）	捌万壹仟玖佰元整	（小写）¥81 900.00

销货单位	名称：江苏永华电子机械厂 纳税人识别号：420563426735637 地址、电话：苏州市五里路 23 号 开户行及账号：工商银行五里支行 42045276341	备注	网络发票号为：335376846311 查验比对：您可通过 www.zjtax.gov.cn 或 纳税服务平台查验比对发票内容和税务局 申报内容是否一致，以免不一致造成的 后果

收款人：　　复核：　　开票人：胡一　　销货单位：（章）

15-3

3301204521

江苏省增值税专用发票

No08876662

抵扣联

开票日期：2016 年 12 月 18 日

检验码　72394 82033 11307 96345

购货单位	名称：金华市强力机械有限公司 纳税人识别号：9133011078862398 地址、电话：金华市大板街 66 号 开户行及账号：工行海塘支行 81451058675081002	密码区	<6>958317<*4+-5+1327+-7/*64 >2115994831/9258<99/<984396 0302126<0871<9943*/3750<+-7 /*64>2115994831771/*65398>95

货物或应税劳务、服务名称	规格型号	单位	数量	单价	金额	税率	税额
材料	D材料	吨	40	1 750.00	70 000.00	17%	11 900.00
合计					¥70 000.00	17%	¥11 900.00

价税合计（大写）	捌万壹仟玖佰元整	（小写）¥81 900.00

销货单位	名称：江苏永华电子机械厂 纳税人识别号：420563426735637 地址、电话：苏州市五里路 23 号 开户行及账号：工商银行五里支行 42045276341	备注	网络发票号为：335376846311 查验比对：您可通过 www.zjtax.gov.cn 或 纳税服务平台查验比对发票内容和税务局 申报内容是否一致，以免不一致造成的 后果

收款人：　　复核：　　开票人：胡一　　销货单位：（章）

16－1

出库单

发货仓库：1号仓库
领料部门：第一基本生产车间　　　2016 年 12 月 19 日　　　　　　　　　第　　号

种类	编号	名称	单位	请领数量	实发数量	单位成本	金额	领料人签章
材料		D原材料	吨	12	12			张伟

负责人：王克强　　　领料人：张伟　　　发料人：郑发　　　填单：张伟

第三联　财务记账

16－2

出库单

发货仓库：1号仓库
领料部门：第二基本生产车间　　　2016 年 12 月 19 日　　　　　　　　　第　　号

种类	编号	名称	单位	请领数量	实发数量	单位成本	金额	领料人签章
材料		D原材料	吨	8	8			王国强

负责人：肖剑　　　领料人：王国强　　　发料人：郑发　　　填单：王国强

第三联　财务记账

16－3

出库单

发货仓库：1号仓库
领料部门：行政管理部门　　　2016 年 12 月 19 日　　　　　　　　　第　　号

种类	编号	名称	单位	请领数量	实发数量	单位成本	金额	领料人签章
材料		D原材料	吨	1	1			吴强伟

负责人：关子明　　　领料人：吴强伟　　　发料人：郑发　　　填单：吴强伟

第三联　财务记账

16－4

出库单

发货仓库：1号仓库
领料部门：销售机构　　　2016 年 12 月 19 日　　　　　　　　　第　　号

种类	编号	名称	单位	请领数量	实发数量	单位成本	金额	领料人签章
材料		D原材料	吨	1	1			胡卫明

负责人：曹子花　　　领料人：胡卫明　　　发料人：郑发　　　填单：胡卫明

第三联　财务记账

17-1

中国工商银行
转账支票存根

支票号码：XII415133
科目：
对方科目：
签发日期：2016年12月10日

| 收款人：赵有成 |
| 金额：¥3 200.00 |
| 用途：浙师大行知学院培训费 |
| 备注： |

单位主管：　　　　　会计：

17-2

3307024791　　　**浙江省增值税专用发票**　　　No08876529

发票联

开票日期：2016年12月19日

检验码　72394 82033 11307 96345

	购货单位	名称：金华市强力机械有限公司	密码区	<6>958317<*4+-5+1327+-7/*64 >2115994831/9258<99/<984396 0302126<0871<9943*/3750<+-7 /*64>2115994831771/*65398>95
		纳税人识别号：9133011078862398		
		地址、电话：金华市大板街66号		
		开户行及账号：工行海塘支行 81451058675081002		

货物或应税劳务、服务名称	规格型号	单位	数量	单价	金额	税率	税额
培训费					3 018.87	6%	181.13
合计					¥3 018.87	6%	¥181.13

| 价税合计（大写） | 叁仟贰佰元整 | （小写）¥3 200.00 |

销货单位	名称：浙江师范大学行知学院	备注	网络发票号为：335376846311 查验比对：您可通过www.zjtax.gov.cn或 纳税服务平台查验比对发票内容和税务局 申报内容是否一致，以免不一致造成的 后果
	纳税人识别号：330199514160889		
	地址、电话：金华市北二环路888号		
	开户行及账号：工行浙师大支行 814510586755568009		

收款人：　　复核：　　开票人：赵有成　　销货单位：（章）

17-3

3307024791

浙江省增值税专用发票

No08876529

抵扣联

开票日期：2016年12月19日

检验码 72394 82033 11307 96345

购货单位	名称：金华市强力机械有限公司 纳税人识别号：9133011078862398 地址、电话：金华市大板街66号 开户行及账号：工行海塘支行 81451058675081002	密码区	<6>958317<*4+-5+1327+-7/*64 >2115994831/9258<99/<984396 0302126<0871<9943*/3750<+-7 /*64>2115994831771/*65398>95

货物或应税劳务、服务名称	规格型号	单位	数量	单价	金额	税率	税额
培训费					3 018.87	6%	181.13
合计					¥3 018.87	6%	¥181.13

价税合计（大写）	叁仟贰佰元整	（小写）¥3 200.00

销货单位	名称：浙江师范大学行知学院 纳税人识别号：330199514160889 地址、电话：金华市北二环路888号 开户行及账号：工行浙师大支行 81451058675568009	备注	网络发票号为：335376846311 查验比对：您可通过www.zjtax.gov.cn或 纳税服务平台查验比对发票内容和税务局 申报内容是否一致，以免不一致造成的 后果

收款人：　　复核：　　开票人：赵有成　　销货单位：（章）

18-1

3301677830

浙江省增值税专用发票

No08879009

发票联

开票日期：2016年12月19日

检验码 72394 82033 11307 96345

购货单位	名称：金华市强力机械有限公司 纳税人识别号：9133011078862398 地址、电话：金华市大板街66号 开户行及账号：工行海塘支行 81451058675081002	密码区	<6>958317<*4+-5+1327+-7/*64 >2115994831/9258<99/<984396 0302126<0871<9943*/3750<+-7 /*64>2115994831771/*65398>95

货物或应税劳务、服务名称	规格型号	单位	数量	单价	金额	税率	税额
纸、笔、墨					3 160.00	17%	537.20
合计					¥3 160.00	17%	¥537.20

价税合计（大写）	叁仟陆佰玖拾柒元贰角整	（小写）¥3 697.20

销货单位	名称：金华市百果文化用品商店 纳税人识别号：913301474552750007 地址、电话：金华市黄龙路90号 开户行及账号：工行黄龙支行 81451058675598416	备注	网络发票号为：335376846311 查验比对：您可通过www.zjtax.gov.cn或 纳税服务平台查验比对发票内容和税务局 申报内容是否一致，以免不一致造成的 后果

收款人：　　复核：　　开票人：吴平　　销货单位：（章）

18-2

3301677830

浙江省增值税专用发票

No08879009

抵扣联

开票日期：2016 年 12 月 19 日

检验码　72394 82033 11307 96345

购货单位	名称：金华市强力机械有限公司 纳税人识别号：913301107886 2398 地址、电话：金华市大板街 66 号 开户行及账号：工行海塘支行 81451058675081002	密码区	<6>958317<*4+-5+1327+-7/*64 >2115994831/9258<99/<984396 0302126<0871<9943*/3750<+-7 /*64>2115994831771/*65398>95

货物或应税劳务、服务名称	规格型号	单位	数量	单价	金额	税率	税额
纸、笔、墨					3 160.00	17%	537.20
合计					¥3 160.00	17%	¥537.20

价税合计（大写）　叁仟陆佰玖拾柒元贰角整　　　　　　　　　（小写）¥3 697.20

销货单位	名称：金华市百果文化用品商店 纳税人识别号：913301474552750007 地址、电话：金华市黄龙路 90 号 开户行及账号：工行黄龙支行 81451058675598416	备注	网络发票号为：335376846311 查验比对：您可通过 www.zjtax.gov.cn 或纳税服务平台查验比对发票内容和税务局申报内容是否一致，以免不一致造成的后果

收款人：　　　复核：　　　开票人：吴平　　　销货单位：（章）

第一二联抵扣联：购货方抵扣凭证

18-3　　　　　　　　　　　　国内业务付款回单

客户号：115199886　　　　　　　　　　日期：2016 年 12 月 19 日
付款人账号：81451058675081002　　　　收款人账号：81451058675598416
付款人名称：金华市强力机械有限公司　　收款人名称：金华市百果文化用品商店
付款人开户行：工行海塘支行　　　　　　收款人开户行：工行黄龙支行
金额：CNY3 697.20
人民币：叁仟陆佰玖拾柒元贰角整

业务种类：转账支出　　业务编号：65257895　　凭证号码：
用途：购买办公用品
备注：
附言：
自助打印,请避免重复
交易机构：27669　　交易渠道：网上银行　　交易流水号：659867827—632　　经办：

回单编号：20161220665422567　　回单验证码：687L6PUTR9RT

打印时间：2016－12－19　11:30:21

18-4

文具领用汇总表
2016 年 12 月 19 日

部门	名称	数量	单价	金额	领用人签名
一车间				600.00	
二车间				600.00	
供汽车间		—略—		360.00	—略—
运输车间				360.00	
管理部门				1 000.00	
销售机构				240.00	
合计				￥3 160.00	

主管部门：总务科　　　负责人：　　　保管：　　　制单：李涛

18-5

销售货物或提供劳务清单

买方名称：金华市强力机械有限公司
销售方名称：金华市百果文化用品公司
所属增值税专用发票代码：3301677830　　号码：08879009　　　　　　共1页第1页

序号	货物劳务名称	规格型号	单位	数量	单价	金额	税率	税额
1	装订机		个	10	179.49	1 794.90	17％	305.13
2	回形针		盒	30	1.70	51.00	17％	8.67
3	固体胶		盒	10	17.10	171.00	17％	29.07
4	黑色水笔		盒	40	12.79	511.60	17％	86.97
5	红色水笔		盒	10	12.80	128.00	17％	21.76
6	书立		个	16	8.55	136.80	17％	23.26
7	档案盒		只	24	4.25	102.00	17％	17.34
8	橡皮擦		盒	10	21.37	213.70	17％	36.33
9	信笺		本	30	1.70	51.00	17％	8.67
合计						￥3 160.00	17％	￥537.20

19-1

借款单

借款部门	市场部	职别		职员		出差人姓名	王允
借款事由	商务出差西安						
借款金额	人民币（大写）叁仟元整						￥3 000.00
批准人	王政　12.19	部门负责人		刘一明　12.19		财务负责人	孙立　12.19

收款人：王允

19-2

国内业务付款回单

客户号：115199886　　　　　　　　　日期：2016年12月19日
付款人账号：81451058675081002　　　收款人账号：622081242045276341
付款人名称：金华市强力机械有限公司　收款人名称：王允
付款人开户行：工行海塘支行　　　　　收款人开户行：工行文化路支行
金额：CNY3 000.00
人民币：叁仟元整

业务种类：转账支出　　业务编号：65305294　　凭证号码：
用途：差旅费
备注：
附言：自助打印，请避免重复
交易机构：27669　　交易渠道：网上银行　　交易流水号：659861198—881

回单编号：20161209965132168　　回单验证码：687L6PUTR9RT　　打印时间：　打印次数：

打印时间：2016-12-19　10:20:46

（中国工商银行股份有限公司 金华市海塘支行 业务专用章 3YBR2PYA KEW9LKHD）

20-1

3307023689

浙江省增值税专用发票　　No 08871266

此联不作报销、抵扣凭证使用　　开票日期：2016年12月20日

检验码　72394 82033 11307 96358

购货单位	名称：金华金信贸易有限公司 纳税人识别号：913201057862 4558 地址、电话：金华市新华路2号　84623180 开户行及账号：建行新华支行 3565637773	密码区	<6>958317<*4+-5+1327+-7/*64 >2115994831/9258<99/<984396 0302126<0871<9943*/3750<+-7 /*64>2115994831771/*78779>95

货物或应税劳务、服务名称	规格型号	单位	数量	单价	金额	税率	税额
甲产品		台	20	8 000.00	160 000.00	17%	27 200.00
乙产品		台	30	15 000.00	450 000.00	17%	76 500.00
合计					¥610 000.00	17%	¥103 700.00

价税合计（大写）	柒拾壹万叁仟柒佰元整	（小写）¥713 700.00

销货单位	名称：金华市强力机械有限公司 纳税人识别号：913301107886 2398 地址、电话：金华市大板街66号 开户行及账号：工行海塘支行 81451058675081002	备注	网络发票号为：335376846256 查验比对：您可通过www.zjtax.gov.cn或纳税服务平台查验比对发票内容和税务局申报内容是否一致，以免不一致造成的后果

收款人：　　复核：　　开票人：周云丽　　销货单位：（章）

备注：合同约定的现金折扣条件为不含税价款 1/10，0.5/20，n/30

20-2

出库单

发货仓库：3号仓库 第 号
领料部门：金华金信贸易有限公司　2016年12月20日

类别	编号	名称型号	单位	应发数量	实发数量	单位成本	金额
产品		甲产品	台	20	20		
产品		乙产品	台	30	30		
		合计					

负责人：　　　经发：　　　保管：黄改云　　　填单：

第三联 财务记账

21-1

3301244591

浙江省增值税专用发票

No08875571

发票联

开票日期：2016年12月24日

检验码　72394 82033 11307 96345

购货单位	名称：金华市强力机械有限公司 纳税人识别号：9133011078862398 地址、电话：金华市大板街66号 开户行及账号：工行海塘支行 81451058675081002	密码区	<6>958317<*4+-5+1327+-7/*64>2115994831/9258<99/<9843960302126<0871<9943*/3750<+-7/*64>2115994831771/*65398>95

货物或应税劳务、服务名称	规格型号	单位	数量	单价	金额	税率	税额
财产保险费					3 600.00	6%	216.00
合计					¥3 600.00	6%	¥216.00

价税合计（大写）	叁仟捌佰壹拾陆元整	（小写）¥3 816.00

销货单位	名称：中国太平洋保险公司金华分公司 纳税人识别号：3301474556796554467 地址、电话：金华市丹溪路99号 开户行及账号：工行丹溪支行 81451058675555822	备注	网络发票号为：335376846211 查验比对：您可通过www.zjtax.gov.cn或纳税服务平台查验比对发票内容和税务局申报内容是否一致，以免不一致造成的后果

收款人：　　　复核：　　　开票人：胡海利　　　销货单位：（章）

第三联发票联：购货方记账凭证

21-2

浙江省增值税专用发票

3301244591　　　　　　　　　　　　　　　　　　　　　　　　　　　No08875571

抵扣联

开票日期：2016 年 12 月 24 日

检验码　72394 82033 11307 96345

购货单位	名称：金华市强力机械有限公司 纳税人识别号：9133011078862398 地址、电话：金华市大板街 66 号 开户行及账号：工行海塘支行 81451058675081002	密码区	<6>958317<*4+-5+1327+-7/*64 >2115994831/9258<99/<984396 0302126<0871<9943*/3750<+-7 /*64>2115994831771/*65398>95

货物或应税劳务、服务名称	规格型号	单位	数量	单价	金额	税率	税额
财产保险费					3 600.00	6%	216.00
合计					¥3 600.00	6%	¥216.00

价税合计（大写）　叁仟捌佰壹拾陆元整　　　　　　　　　　（小写）¥3 816.00

销货单位	名称：中国太平洋保险公司金华分公司 纳税人识别号：330147455679655467 地址、电话：金华市丹溪路 99 号 开户行及账号：工行丹溪支行 81451058675555822	备注	网络发票号为：335376846211 查验比对：您可通过 www.zjtax.gov.cn 或纳税服务平台查验比对发票内容和税务局申报内容是否一致，以免不一致造成的后果

收款人：　　　复核：　　　开票人：胡海利　　　销货单位：（章）

21-3

国内业务付款回单

客户号：115199886　　　　　　　　　　　日期：2016 年 12 月 24 日
付款人账号：81451058675081002　　　　　收款人账号：81451058675555822
付款人名称：金华市强力机械有限公司　　　收款人名称：中国太平洋保险公司金华分公司
付款人开户行：工行海塘支行　　　　　　　收款人开户行：工行丹溪支行
金额：CNY3 816.00
人民币：叁仟捌佰壹拾陆元整

业务种类：转账支出　　业务编号：65245563　　凭证号码：
用途：财产保险费
备注：
附言：
自助打印，请避免重复
交易机构：27669　　交易渠道：网上银行　　交易流水号：659866898—662　　经办：

回单编号：20161218965422668　　回单验证码：687L6PUTR9RT　　打印时间：打印次数：

打印时间：2016-12-24　10:50:10

21－4

财产保险费清单

2016 年 12 月 24 日

财产部门	资产总额	保费率	财产保险费	备注
公司行政管理部门			1 400.00	
销售机构			280.00	
第一基本生产车间			720.00	
第二基本生产车间	略		720.00	
供汽车间			240.00	
运输车间			240.00	
合计			￥3 600.00	

负责人：　　　　　　　审核：　　　　　　　编制：

22－1

国内业务收款回单

客户号：115199886　　　　　　　日期：2016 年 12 月 24 日
收款人账号：81451058675081002
收款人名称：金华市强力机械有限公司
收款人开户行：工行海塘支行
金额：CNY600.00
人民币：陆佰元整

业务种类：付费　业务编号：65271994　　凭证号码：
用途：存款利息
备注：
附言：
自助打印，请避免重复
交易机构：27669　　交易渠道：网上银行　　交易流水号：659844198－889

回单编号：20161209965441168　　回单验证码：687L6PUTR9RT　　打印时间：打印次数：

打印时间：2016－12－24　15：20：46

中国工商银行股份有限公司
金华市海塘支行
业务专用章
3YBR2PYA
KEW9LKHD

23-1

浙江省国家税务局通用机打发票

发票联

发票代码　233021211613

发票号码　00272696

入口：　　广州

出口：　　金华

车型：

车重：　　　　　　　　超限：

通行费：　　¥1000.00

付款方式：

其中代收：

2016-12-21

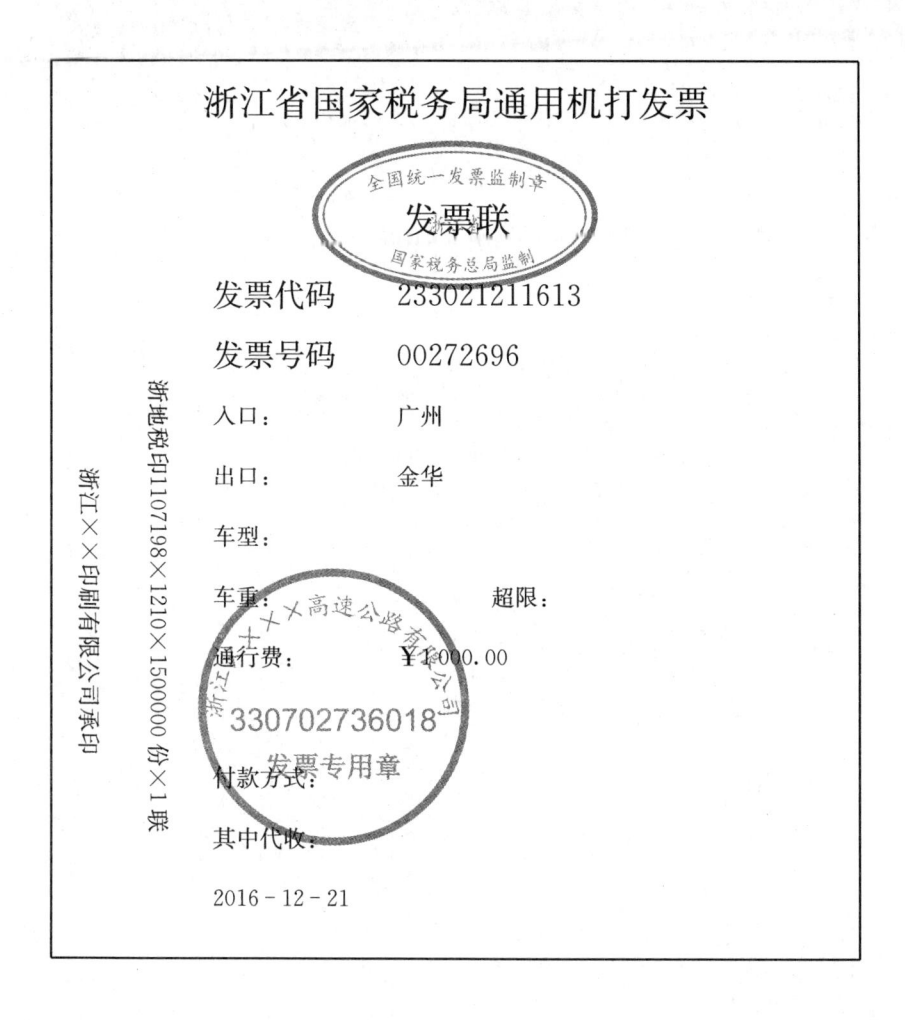

浙地税印1107198×1210×1500000 份×1 联

浙江××印刷有限公司承印

330702736018

23-2

支出证明单

2016 年 12 月 24 日　　　　　　　　　　　　　　　　　　附件共 1 张

支出科目	摘要	金额 万 千 百 十 元 角 分	缺乏正式单据之原因
支付交通费	过路费	1 0 0 0 0 0	
		现金付讫	

合计人民币（大写）壹仟元整　　　　　　　　　　　　　　　　¥1000.00

核准：王政　　　复核：孙立　　　证明人：张乐喜　　　经手：刘明

24－1

3301253533

浙江省增值税普通发票

No08876551

发票联

开票日期：2016 年 12 月 25 日

检验码　72394 82033 11307 96345

购货单位	名称：金华市强力机械有限公司 纳税人识别号：9133011078862398 地址、电话：金华市大板街 66 号 开户行及账号：工行海塘支行 81451058675081002	密码区	<6>958317<*4+-5+1327+-7/*64 >2115994831/9258<99/<984396 0302126<0871<9943*/3750<+-7 /*64>2115994831771/*65398>95

货物或应税劳务、服务名称	规格型号	单位	数量	单价	金额	税率	税额
餐费					4 113.21	6%	246.79
合计					¥4 113.21	6%	¥246.79

价税合计（大写）	肆仟叁佰陆拾元整	（小写）¥4 360.00

销货单位	名称：金华九度鲜农家大院饭店 纳税人识别号：913301474556755714 地址、电话：金华市环城北路 966 号 开户行及账号：工行新狮支行 81451058675589821	备注	网络发票号为：335376846311 查验比对：您可通过www.zjtax.gov.cn或 纳税服务平台查验，比对发票内容和税务局 申报内容是否一致，以免不一致造成的 后果

收款人：　　　　复核：　　　　开票人：吴海　　　　销货单位：（章）

24－2

国内业务付款回单

客户号：115199886　　　　　　　　　　　日期：2016 年 12 月 25 日
付款人账号：81451058675081002　　　　　收款人账号：81451058675589821
付款人名称：金华市强力机械有限公司　　　收款人名称：金华九度鲜农家大院饭店
付款人开户行：工行海塘支行　　　　　　　收款人开户行：工行新狮支行
金额：CNY4 360.00
人民币：肆仟叁佰陆拾元整

业务种类：转账支出　　业务编号：65245873　　凭证号码：
用途：餐饮费
备注：
附言：
　自助打印，请避免重复
交易机构：27669　　交易渠道：网上银行　　交易流水号：612456898-602

回单编号：20161218965429168　　回单验证码：687L6PUTR9RT　　打印时间：　打印次数：

打印时间：2016－12－25　10:50:10

25-1

3301677688

浙江省增值税专用发票

发票联（全国统一发票监制章 国家税务总局监制）

No08870975

开票日期：2016 年 12 月 25 日

检验码　72394 82033 11307 96345

购货单位	名称：金华市强力机械有限公司 纳税人识别号：9133011078862398 地址、电话：金华市大板街 66 号 开户行及账号：工行海塘支行 81451058675081002	密码区	<6>958317<*4+-5+1327+-7/*64 >2115994831/9258<99/<984396 0302126<0871<9943*/3750<+-7 /*64>2115994831771/*65398>95

货物或应税劳务、服务名称	规格型号	单位	数量	单价	金额	税率	税额
下一年全年报刊费					5 000.00	17%	850.00
合计					￥5 000.00	17%	￥850.00

价税合计（大写）	伍仟捌佰伍拾元整	（小写）￥5 850.00

销货单位	名称：金华市邮政局 纳税人识别号：420563426735657 地址、电话：金华市中山北路 110 号 开户行及账号：工行中山北路支行 42045276356	备注	网络发票号为：335376846311 查验比对：您可通过www.zjtax.gov.cn或纳税服务平台查验比对发票内容和税务局申报内容是否一致，以免不一致造成的后果

收款人：　　复核：　　开票人：戴俊　　销货单位：（章）

第三联发票联：购货方记账凭证

国税函〔××××〕××××号

25-2

3301677688

浙江省增值税专用发票

抵扣联（全国统一发票监制章 国家税务总局监制）

No08870975

开票日期：2016 年 12 月 25 日

检验码　72394 82033 11307 96345

购货单位	名称：金华市强力机械有限公司 纳税人识别号：9133011078862398 地址、电话：金华市大板街 66 号 开户行及账号：工行海塘支行 81451058675081002	密码区	<6>958317<*4+-5+1327+-7/*64 >2115994831/9258<99/<984396 0302126<0871<9943*/3750<+-7 /*64>2115994831771/*65398>95

货物或应税劳务、服务名称	规格型号	单位	数量	单价	金额	税率	税额
下一年全年报刊费					5 000.00	17%	850.00
合计					￥5 000.00	17%	￥850.00

价税合计（大写）	伍仟捌佰伍拾元整	（小写）￥5 850.00

销货单位	名称：金华市邮政局 纳税人识别号：420563426735657 地址、电话：金华市中山北路 110 号 开户行及账号：工行中山北路支行 42045276356	备注	网络发票号为：335376846311 查验比对：您可通过www.zjtax.gov.cn或纳税服务平台查验比对发票内容和税务局申报内容是否一致，以免不一致造成的后果

收款人：　　复核：　　开票人：戴俊　　销货单位：（章）

第二联抵扣联：购货方抵扣凭证

国税函〔××××〕××××号

25-3

中国工商银行
转账支票存根

支票号码：XIII 415148
科目：
对方科目：
签发日期：2016 年 12 月 25 日

收款人：金华市邮政局
金额：¥5 850.00
用途：支付报刊费
备注：

单位主管：　　　　　　　　会计：

26-1 差旅费报销单

2016 年 12 月 26 日

姓名：王允　　　　部门：市场部　　　　出差事由：市场调查　　　　单据张数：6 张

起止日期			起止地点	火车费	市内车费	住宿费	出差补助			其他
月	日	月	日					标准	天数	金额	
12	20	12	20	金华—西安	722.00		1 250.00	180.00	6	1 080.00	
12	25	12	25	西安—金华	722.00						
			合计	1 444.00		1 250.00		6	1 080.00	

人民币(大写)叁仟柒佰柒拾肆元整　　借款：¥3 000.00　　应补(退)：¥774.00

审核：王政　　　　部门主管：刘一明　　　　财务主管：孙立

26-2　　　　　　　　　　国内业务付款回单

客户号：115199886　　　　　　　　　　日期：2016年12月26日
付款人账号：81451058675081002　　　收款人账号：6220812420452763410
付款人名称：金华市强力机械有限公司　收款人名称：王允
付款人开户行：工行海塘支行　　　　　收款人开户行：工行文化路支行
金额：CNY774.00
人民币：柒佰柒拾肆元整

业务种类：转账支出　业务编号：65308994　　凭证号码：
用途：差旅费
备注：
附言：
自助打印，请避免重复
交易机构：27669　　交易渠道：网上银行　交易流水号：659862798—881

回单编号：20161209965462168　　回单验证码：687L6PUTR9RT　　打印时间：打印次数：

打印时间：2016-12-26　14:20:46

27-1

浙江省统一收款收据 3029996
收据联

交款单位：金华市强力机械有限公司　　　　　　　　　　　　2016年12月26日

收款内容	单位金额	总计金额								备注
		十	万	千	百	十	元	角	分	
排污费	金华市城市排水管理所财务专用章			2	1	0	0	0	0	
合计人民币（大写）	贰仟壹佰元整	￥2 100.00							

开票单位：金华市城市排水管理所　　　　　　　开户银行：
地址：　　　　　　　　　　　　　　　　　　　账号：
收款人：李的平

第二联　收据联　付款单位做记账用

27-2

委托收款凭证（付款通知）5

第 号

委托日期 2016 年 12 月 26 日　委托号码 420188

付款日期：2016 年 12 月 26 日

付款人	全称	金华市强力机械有限公司	收款人	全称	金华市城市排水管理所
	账号或地址	81451058675081002		账号	0321520—35682001
	开户银行	工行海塘支行		开户银行	工行建设路支行　行号

委托收款	人民币（大写）	贰仟壹佰元整	千百十万千百十元角分 ￥2 1 0 0 0 0

款项内容	12月排污费	委托收款票据名称		附寄单证张数	2

备注：

付款人注意：1. 应于检票当日通知开户银行划款；
2. 如需拒付，应在规定期限内，将拒付理由书并附债务证明退交开户银行。

（中国工商银行股份有限公司 金华市海塘支行 业务专用章 3YBR2PYA KEW9LKHD）

此联收款人开户银行给付款人按期付款的通知

单位主管：

28-1

3307028870

浙江省增值税普通发票

No08878865

（全国统一发票监制章 此联不作报销凭证使用 国家税务总局监制）

开票日期：2016 年 12 月 27 日

检验码　72394 82033 11307 96358

购货单位	名称：金华新伟物资经营公司	密码区	<6>958317<*4+-5+1327+-7/*64 >2115994831/9258<99/<984396 0302126<0871<9943*/3750<+-7 /*64>2115994831771/*78779>95
	纳税人识别号：33019951416664		
	地址、电话：金华市劳动路18号　84667008		
	开户行及账号：建行太阳城支行 3205637669		

货物或应税劳务、服务名称	规格型号	单位	数量	单价	金额	税率	税额
A原材料下脚料			2	1 000.00	2 000.00	17%	340.00
合计					￥2 000.00	17%	￥340.00

价税合计（大写）	贰仟叁佰肆拾元整	（小写）￥2 340.00

销货单位	名称：金华市强力机械有限公司	备注	网络发票号为：335376846256 查验比对：您可通过 www.zjtax.gov.cn 或纳税服务平台查验比对发票内容和税务局申报内容是否一致，以免不一致造成的后果
	纳税人识别号：9133011078862398		
	地址、电话：金华市大板街66号		
	开户行及账号：工行海塘支行 81451058675081002		

收款人：　　　复核：　　　开票人：刘浩　　　销货单位：（章）

28-2

中国建设银行金华市分行支票				支票号码：DN 044356	

出票日期(大写)　　贰零壹陆年壹拾贰月贰拾柒日　　付款人名称：建行太阳城支行
收款人：金华市强力机械有限公司　　出票人账号：3205637669

人民币 （大写）	贰仟叁佰肆拾元整	千	百	十	万	千	百	十	元	角	分
						¥2	3	4	0	0	0

用途：销售下脚料
上列款项请从
我账户内支付
出票人签章　　[金华市新伟物资经营公司财务专用章]　　[王金伟印]　　复核：　　记账：　　验印：

28-3　　　　　　　　　　　国内业务收款回单

客户号：123199886　　　　　　　　　日期：2016年12月27日
收款人账号：81451058675081002　　付款人账号：3205637669
收款人名称：金华市强力机械有限公司　付款人名称：金华新伟物资经营公司
收款人开户行：工行海塘支行　　　　付款人开户行：建行太阳城支行
金额：CNY2 340.00
人民币：贰仟叁佰肆拾元整

业务种类：银行转账　　业务编号：65085873　　凭证号码：
用途：货款
备注：
附言：
自助打印，请避免重复
交易机构：27669　　交易渠道：网上银行　　交易流水号：612401428—682　　经办

回单编号：20161223266620168　　回单验证码：687L6PUTR9RT　　打印时间：打印次数：
　　　　　　　　　　　　　　　　　　　　　　　　　　　　　　　金华市海塘支行
打印时间：2016-12-27　10:50:10　　　　　　　　　　　　　　　业务专用章
　　　　　　　　　　　　　　　　　　　　　　　　　　　　　　　3YBR2PYA
　　　　　　　　　　　　　　　　　　　　　　　　　　　　　　　KEW9LKHD

29-1

33016722391

浙江省增值税专用发票

No08879997

发票联

开票日期：2016 年 12 月 27 日

检验码 72394 82033 11307 96345

购货单位	名称：金华市强力机械有限公司 纳税人识别号：9133011078862398 地址、电话：金华市大板街66号 开户行及账号：工行海塘支行 81451058675081002				密码区	＜6＞958317＜*4+-5+1327+-7/*64 ＞2115994831/9258＜99/＜984396 0302126＜0871＜9943*/3750＜+-7 /*64＞2115994831771/*65398＞95		
货物或应税劳务、服务名称	规格型号	单位	数量	单价	金额	税率	税额	
11月份基础电信服务费 11月份增值电信服务费 合计					1 470.59 1 150.12 ￥2 620.71	11％ 6％	161.77 69.01 ￥230.78	
价税合计（大写）	贰仟捌佰伍拾壹元肆角玖分						（小写）￥2 851.49	
销货单位	名称：中国电信金华分公司 纳税人识别号：913301474552752269 地址、电话：金华市滨虹路88号 开户行及账号：工行滨虹支行 81451058675598416				备注	网络发票号为：3353768433511 查验比对：您可通过www.zjtax.gov.cn或 纳税服务平台查验比对发票内容和税务局 申报内容是否一致，以免不一致造成的 后果		

收款人：   复核：   开票人：吴姗姗   销货单位：（章）

29-2

33016722391

浙江省增值税专用发票

No08879997

抵扣联

开票日期：2016 年 12 月 27 日

检验码 72394 82033 11307 96345

购货单位	名称：金华市强力机械有限公司 纳税人识别号：9133011078862398 地址、电话：金华市大板街66号 开户行及账号：工行海塘支行 81451058675081002				密码区	＜6＞958317＜*4+-5+1327+-7/*64 ＞2115994831/9258＜99/＜984396 0302126＜0871＜9943*/3750＜+-7 /*64＞2115994831771/*65398＞95		
货物或应税劳务、服务名称	规格型号	单位	数量	单价	金额	税率	税额	
11月份基础电信服务费 11月份增值电信服务费 合计					1 470.59 1 150.12 ￥2 620.71	11％ 6％	161.77 69.01 ￥230.78	
价税合计（大写）	贰仟捌佰伍拾壹元肆角玖分						（小写）￥2 851.49	
销货单位	名称：中国电信金华分公司 纳税人识别号：913301474552752269 地址、电话：金华市滨虹路88号 开户行及账号：工行滨虹支行 81451058675598416				备注	网络发票号为：3353768433511 查验比对：您可通过www.zjtax.gov.cn或 纳税服务平台查验比对发票内容和税务局 申报内容是否一致，以免不一致造成的 后果		

收款人：   复核：   开票人：吴姗姗   销货单位：（章）

29-3

委邮	委托收款凭证（付款通知）5				第1445号

委托日期 2016年12月27日　委托号码 420173
付款日期 2016年12月27日

付款人	全称	金华市强力机械有限公司	收款人	全称	金华市电信局		
	账号或地址	81451058675081002		账号	010-542002		
	开户银行	工行海塘支行		开户银行	金华市工行	行号	

委托收款	人民币（大写）	贰仟捌佰伍拾壹元肆角玖分	千	百	十	万	千	百	十	元	角	分
						¥	2	8	5	1	4	9

款项内容	长话费	委托收款票据名称	附寄单证张数	略
	市话费			
	信息费			

备注：

付款人注意
1. 应于检票当日通知开户银行划款
2. 如需拒付，应在规定期限内，将拒付理由书并附债务证明退交开户银行。

（中国工商银行股份有限公司 金华市海塘支行 业务专用章）

单位主管：　会计：　复核：　记账：　付款人开户银行盖章：　年　月　日

此联收款人开户银行给付款人按期付款的通知

30-1

入库单

收货部门：3号仓库　　　2016年12月30日　　　收字第　　号

类别	编号	名称型号	单位	入库数量	实收数量	单位成本	成本总额								
							千	百	十	万	千	百	十	元	角	分
产品		甲产品	台	45	45											
产品		乙产品	台	35	35											
合计																
备注																

经办人：刘小山　　保管：郑云强　　验收：张华　　填单：卢红

第三联 财务记账

31 - 1
国内业务付款回单

客户号：115199886　　　　　　　　　日期：2016 年 12 月 30 日
付款人账号：81451058675081002
付款人名称：金华市强力机械有限公司
付款人开户行：工行海塘支行
金额：CNY6 000.00
人民币：陆仟元整

业务种类：收费　　业务编号：65258994　　凭证号码：
用途：本季贷款利息
备注：
附言：
自助打印，请避免重复
交易机构：27669　　交易渠道：网上银行　　交易流水号：659842798—889

回单编号：20161209965553168　　回单验证码：687L6PUTR9RT　　打印时间：打印次数：
　　　　　　　　　　　　　　　　　　　　　　　　　　　　　　　　　金华市海塘支行
打印时间：2016 - 12 - 30　15：20：46　　　　　　　　　　　　　　　业务专用章
　　　　　　　　　　　　　　　　　　　　　　　　　　　　　　　　　3YBR2PYA
　　　　　　　　　　　　　　　　　　　　　　　　　　　　　　　　　KEW9LKHD

32 - 1

中国工商银行
转账支票存根

支票号码：Ⅻ415147
科目：
对方科目：
签发日期：2016 年 12 月 30 日

收款人：金华星星广告有限公司
金额：¥16 960.00
用途：支付广告费
备注：
单位主管：　　　　　　　　会计：

32-2

3301677987

浙江省增值税专用发票

No 08878789

发票联

开票日期：2016 年 12 月 30 日

检验码 72394 82033 11307 96345

购货单位	名称：金华市强力机械有限公司 纳税人识别号：9133011078862398 地址、电话：金华市大板街 66 号 开户行及账号：工行海塘支行 81451058675081002	密码区	<6>958317<*4+-5+1327+-7/*64 >2115994831/9258<99/<984396 0302126<0871<9943*/3750<+-7 /*64>2115994831771/*65398>95

货物或应税劳务、服务名称	规格型号	单位	数量	单价	金额	税率	税额
广告费					16 000.00	6%	960.00
合计					¥16 000.00	6%	¥960.00

价税合计（大写）	壹万陆仟玖佰陆拾元整	（小写）¥16 960.00

销货单位	名称：金华星星广告有限公司 纳税人识别号：420563426735637 地址、电话：金华市人民路 67 号 开户行及账号：工商银行五里支行 42045276341	备注	网络发票号为：335376846311 查验比对：您可通过 www.zjtax.gov.cn 或 纳税服务平台查验比对发票内容和税务局 申报内容是否一致，以免不一致造成的 后果

收款人：　　复核：　　开票人：李梅　　销货单位：（章）

32-3

3301677987

浙江省增值税专用发票

No 08878789

抵扣联

开票日期：2016 年 12 月 30 日

检验码 72394 82033 11307 96345

购货单位	名称：金华市强力机械有限公司 纳税人识别号：9133011078862398 地址、电话：金华市大板街 66 号 开户行及账号：工行海塘支行 81451058675081002	密码区	<6>958317<*4+-5+1327+-7/*64 >2115994831/9258<99/<984396 0302126<0871<9943*/3750<+-7 /*64>2115994831771/*65398>95

货物或应税劳务、服务名称	规格型号	单位	数量	单价	金额	税率	税额
广告费					16 000.00	6%	960.00
合计					¥16 000.00	6%	¥960.00

价税合计（大写）	壹万陆仟玖佰陆拾元整	（小写）¥16 960.00

销货单位	名称：金华星星广告有限公司 纳税人识别号：420563426735637 地址、电话：金华市人民路 67 号 开户行及账号：工商银行五里支行 42045276341	备注	网络发票号为：335376846311 查验比对：您可通过 www.zjtax.gov.cn 或 纳税服务平台查验比对发票内容和税务局 申报内容是否一致，以免不一致造成的 后果

收款人：　　复核：　　开票人：李梅　　销货单位：（章）

33-1
3301987256

浙江省增值税专用发票

No 08870781

发票联

开票日期：2016年12月30日

检验码 72394 82033 11307 96345

购货单位	名称：金华市强力机械有限公司 纳税人识别号：9133011078862398 地址、电话：金华市大板街66号 开户行及账号：工行海塘支行 81451058675081002	密码区	<6>958317<*4+-5+1327+-7/*64 >2115994831/9258<99/<984396 0302126<0871<9943*/3750<+-7 /*64>2115994831771/*65398>95

货物或应税劳务、服务名称	规格型号	单位	数量	单价	金额	税率	税额
办公楼维修费					14 234.23	11%	1 565.77
合计					¥14 234.23	11%	¥1 565.77

价税合计（大写）	壹万伍仟捌佰元整	（小写）¥15 800.00

销货单位	名称：金华市中材建筑安装公司 纳税人识别号：130602700920895 地址、电话：金华市中山北路118号 开户行及账号：工行中山北路支行 420452798671	备注	网络发票号为：335376846211 查验比对：您可通过www.zjtax.gov.cn或 纳税服务平台查验比对发票内容和税务局 申报内容是否一致，以免不一致造成的 后果

收款人：　　复核：　　开票人：何楠　　销货单位：（章）

33-2
3301987256

浙江省增值税专用发票

No 08870781

抵扣联

开票日期：2016年12月30日

检验码 72394 82033 11307 96345

购货单位	名称：金华市强力机械有限公司 纳税人识别号：9133011078862398 地址、电话：金华市大板街66号 开户行及账号：工行海塘支行 81451058675081002	密码区	<6>958317<*4+-5+1327+-7/*64 >2115994831/9258<99/<984396 0302126<0871<9943*/3750<+-7 /*64>2115994831771/*65398>95

货物或应税劳务、服务名称	规格型号	单位	数量	单价	金额	税率	税额
办公楼维修费					14 234.23	11%	1 565.77
合计					¥14 234.23	11%	¥1 565.77

价税合计（大写）	壹万伍仟捌佰元整	（小写）¥15 800.00

销货单位	名称：金华市中材建筑安装公司 纳税人识别号：130602700920895 地址、电话：金华市中山北路118号 开户行及账号：工行中山北路支行 420452798671	备注	网络发票号为：335376846211 查验比对：您可通过www.zjtax.gov.cn或 纳税服务平台查验比对发票内容和税务局 申报内容是否一致，以免不一致造成的 后果

收款人：　　复核：　　开票人：何楠　　销货单位：（章）

34-1 国内业务收款回单

客户号：123199886 日期：2016 年 12 月 30 日
收款人账号：81451058675081002 付款人账号：3565637773
收款人名称：金华市强力机械有限公司 付款人名称：金华金信贸易有限公司
收款人开户行：工行海塘支行 付款人开户行：建行新华支行
金额：CNY 707 600.00
人民币：柒拾万柒仟陆佰元整

业务种类：银行转账 业务编号：65785873 凭证号码：
用途：货款
备注：已扣减现金折扣
附言：
自助打印，请避免重复
交易机构：27669 交易渠道：网上银行 交易流水号：612481428--662 经办

回单编号：20161223566620168 回单验证码：687L6PUTR9RT 打印时间：打印次数：
金华市海塘支行
业务专用章
3YBR2PYA
KEW9LKHD

打印时间：2016-12-30 10:50:10

35-1 财产清查报告单

2016 年 12 月 31 日

编号	财产名称规格	计量单位	单价	账面数量	实存数量	盘盈数量	盘盈金额	盘亏数量	盘亏金额	盘亏盘盈原因
	A原材料	吨				0.2	1 080.00			计量差错
	B原材料	吨			略					
	D原材料	吨								
	周转材料	千克								
合计							￥1 080.00			
备注	已批准核销处理									

第二联 财务联

主管：汤思飞 复核：邓进 制表：黄改云

36-1

外购水费分配表

2016 年 12 月 31 日

借方科目		耗用量(立方米)	单价	金额
辅助生产成本	供汽车间	200		
	运输车间	120		
	小计	320		
制造费用	一车间	130		
	二车间	140		
	小计	270		
管理费用		180		
销售费用		90		
合计		860	3.2	

审核：孙立　　　　　记账：　　　　　　制表：吴江

37-1

外购电费分配表

2016 年 12 月 31 日

借方科目		耗用量(度)	单价	金额
辅助生产成本	供汽车间	300		
	运输车间	400		
	小计	700		
制造费用	一车间	900		
	二车间	1 000		
	小计	1 900		
管理费用		300		
销售费用		100		
合计		3 000	1.2	

审核：孙立　　　　　记账：　　　　　　制表：吴江

38-1

固定资产折旧计算表

2016 年 12 月 31 日

使用部门	固定资产类别	月初应计提固定资产原值	月折旧率(%)	月折旧额
基本生产一车间	机器设备	900 000	0.83%	
	房屋及建筑物	1 200 000	0.21%	
	小计	¥2 100 000		
基本生产二车间	机器设备	880 000	0.83%	
	房屋及建筑物	1 000 000	0.21%	
	小计	¥1 880 000		
供汽车间	机器设备	400 000	0.83%	
	房屋及建筑物	200 000	0.21%	
	小计	¥600 000		
运输车间	机器设备	230 000	0.83%	
	房屋及建筑物	260 000	0.21%	
	小计	¥490 000		
公司管理部门	运输设备	300 000	0.83%	
	办公设备	60 000	0.83%	
	房屋及建筑物	900 000	0.21%	
	小计	¥1 260 000		
销售机构	房屋及建筑物	180 000	0.21%	
	办公设备	12 000	0.83%	
	小计	¥192 000		
合计		¥6 522 000		

审核：孙立　　　　　　　　　　　　　　　　　制表：李涛

39-1

无形资产摊销计算表

2016 年 12 月 31 日

无形资产原值	摊销年限	年摊销金额	月摊销金额
¥336 000.00	8		

审核：孙立　　　　　　　　　　　　　　　　　制表：李涛

40-1

产品质量保证费计提表

2016 年 12 月 31 日

产品名称	本月销售额	计提比例	金额
甲产品	1 002 500.00		
乙产品	1 102 600.00		
合计	¥2 105 100.00	1.5%	

审核：孙立　　　　　　　　　　　　　　　　　制表：李涛

41－1

金华市五湖机械有限公司工资结算汇总表

2016 年 12 月 31 日

编号	部门	基本工资	津贴	奖金	缺勤应扣 事假	缺勤应扣 迟到早退	应付工资
1	行政办公室	56 000.00	6 000.00	4 000.00			66 000.00
3	财务部	42 000.00	3 800.00	1 600.00			47 400.00
4	销售机构	40 000.00	3 640.00	3 600.00			47 240.00
5	采购部	12 000.00	840.00	2 600.00			15 440.00
6	一车间生产工人	150 000.00	10 000.00	10 500.00			170 500.00
7	二车间生产工人	140 000.00	9 600.00	10 000.00			159 600.00
8	一车间管理人员	12 000.00	1 000.00	800.00			13 800.00
9	二车间管理人员	13 000.00	1 200.00	900.00	200.00		14 900.00
10	供汽车间	50 000.00	4 000.00	3 500.00			57 500.00
11	运输车间	60 000.00	4 100.00	4 000.00			68 100.00
	合计	￥575 000.00	￥44 180.00	￥41 500.00	￥200.00		￥660 480.00

审核：孙立　　　　　　部门负责人：孙立　　　　　　制表：张晶

41－2

工资费用分配表

2016 年 12 月 31 日

借方科目		分配计入 分配标准	分配计入 分配率	分配计入 金额	直接计入	合计
基本生产成本	甲半成品	3 000 小时				
	乙半成品	2 000 小时				
	小计	5 000 小时				
	甲产品	1 800 小时				
	乙产品	2 200 小时				
	小计	4 000 小时				
辅助生产成本	供汽车间	×	×	×		
	运输车间	×	×	×		
	小计	×	×	×		
制造费用	一车间	×	×	×		
	二车间	×	×	×		
	小计	×	×	×		
管理费用		×	×	×		
销售费用		×	×	×		
合计						

审核：孙立　　　　　　　　　　　　制表：吴江

42-1

社会保险费、工会经费计提分配表

2016 年 12 月 31 日

借方科目		工资总额	社会保险			工会经费			金额合计
			计提基数	比例	金额	计提基数	比例	金额	
基本生产成本	甲半成品								
	乙半成品								
	小计								
	甲产品								
	乙产品								
	小计								
辅助生产成本	供汽车间								
	运输车间								
	小计								
制造费用	一车间								
	二车间								
	小计								
管理费用									
销售费用									
合计				18.5%			2%		

审核：孙立　　　　　　　　　　　　　　　　制表：吴江

43-1

发出材料汇总表

2016 年 12 月 31 日　　　　　　　　　　　　　　　　单位：吨

借方科目		A 材料		B 材料		D 材料		金额合计
总账	明细账	数量	金额	数量	金额	数量	金额	
基本生产成本	甲半成品							
	乙半成品							
	甲产品							
	乙产品							
	小计							
辅助生产成本	供汽							
	运输							
	小计							
制造费用	一车间							
	二车间							
	小计							
管理费用								
销售费用								
合计								

审核：×××　　　　　　　　　　　　　　　　制单：×××

44-1

辅助生产成本明细账

车间名称：供汽车间

年		凭证号数	摘要	职工薪酬	机物料消耗	低值易耗品摊销	劳动保护费	折旧费	水电费	保险费	办公费	其他	合计
月	日												

44-2

辅助生产成本明细账

车间名称：运输车间

年		凭证号数	摘要	职工薪酬	机物料消耗	低值易耗品摊销	劳动保护费	折旧费	水电费	保险费	办公费	其他	合计
月	日												

44-3

各辅助生产车间供应的劳务量

受益部门		供汽车间(立方米)	运输车间(吨公里)
辅助生产车间	供汽车间		230
	运输车间	300	
基本生产车间	第一基本生产车间	5 200	4 200
	第二基本生产车间	5 100	4 000
行政管理部门		680	400
销售机构		150	1 400
合计		11 430	10 230

44-4

辅助生产费用分配表(直接分配法)

2016 年 12 月

项　目			供汽车间	运输车间	合计
待分配辅助生产费用					
对外提供劳务、作业量					
分配率					
基本生产车间耗用	第一基本车间	耗用数量			
		分配金额			
	第二基本车间	耗用数量			
		分配金额			
管理部门耗用		耗用数量			
		分配金额			
销售机构耗用		耗用数量			
		分配金额			
金额合计					

45-1

制造费用明细账

车间名称:第一基本生产车间

年		凭证号数	摘要	职工薪酬	机物料消耗	低值易耗品摊销	劳动保护费	水电费	折旧费	保险费	办公费	运输费	取暖费	其他	合计
月	日														

45-2

制造费用明细账

车间名称:第二基本生产车间

年		凭证号数	摘要	职工薪酬	机物料消耗	低值易耗品摊销	劳动保护费	水电费	折旧费	保险费	办公费	运输费	取暖费	其他	合计
月	日														

45-3

制造费用分配表

2016 年 12 月 31 日

分配对象		分配标准	分配率	金额
基本生产成本	甲半成品			
	乙半成品			
	小计			
	甲产品			
	乙产品			
	小计			
合计				

审核：孙立　　　　　　　　　　　　　　制单：吴江

46-1

月末在产品数量及约当产量计算表

2016 年 12 月 31 日

生产车间	产品名称	在产品数量	加工程度		约当产量	
			直接材料或半成品项目	加工费用项目	直接材料或半成品项目	加工费用项目
基本生产一车间	甲半成品	40	100%	50%		
	乙半成品	20	100%	30%		
基本生产二车间	甲产品	6	100%	80%		
	乙产品	13	100%	50%		

主管：孙立　　　　　复核：孙立　　　　　制表：吴江

46-2

产品成本明细账

2016 年 12 月 31 日　　完工数量：
　　　　　　　　　　　在产品数量：

车间名称：第一基本生产车间
产品名称：甲半成品　　　　　　　　　　　　　　　单位：元

成本项目	直接材料	直接人工	制造费用	合计
期初在产品成本				
本期生产费用				
合计				
约当总产量				
分配率				
完工半成品成本				
完工半成品单位成本				
月末在产品成本				

主管：孙立　　　　　复核：孙立　　　　　制表：吴江

46-3

产品成本明细账

2016年12月31日　　完工数量：

车间名称：第一基本生产车间　　在产品数量：
产品名称：乙半成品　　　　　　　　　　　　　　　　单位：元

成本项目	直接材料	直接人工	制造费用	合计
期初在产品成本				
本期生产费用				
出售下脚料				
合计				
约当总产量				
分配率				
完工半成品成本				
完工半成品单位成本				
月末在产品成本				

主管：孙立　　　　复核：孙立　　　　制表：吴江

46-4

产品成本明细账

2016年12月31日　　完工数量：

车间名称：第二基本生产车间　　在产品数量：
产品名称：甲产品　　　　　　　　　　　　　　　　单位：元

成本项目	半成品	直接人工	制造费用	合计
期初在产品成本				
本期生产费用				
合计				
约当总产量				
分配率				
完工产品成本				
完工产品单位成本				
月末在产品成本				

主管：孙立　　　　复核：孙立　　　　制表：吴江

46-5

产品成本明细账

2016 年 12 月 31 日　　完工数量：

车间名称：第二基本生产车间　　在产品数量：
产品名称：乙产品　　　　　　　　　　　　　　　　　　　单位：元

成本项目	半成品	直接人工	制造费用	合计
期初在产品成本				
本期生产费用				
合计				
约当总产量				
分配率				
完工产品成本				
完工产品单位成本				
月末在产品成本				

主管：孙立　　　　　复核：孙立　　　　　制表：吴江

46-6

完工产品成本汇总表

2016 年 12 月 31 日

产品名称	完工产品数量	半成品	直接人工	制造费用	完工产品总成本	完工产品单位成本
甲产品						
乙产品						
合计	×	×	×	×		×

主管：孙立　　　　　复核：孙立　　　　　制表：吴江

46-7

产品入库汇总表

收料部门：仓库　　　2016 年 12 月 31 日　　专字第　　号

产品名称	规格编号	计量单位	入库数量	单位成本	金额 十亿千百十万千百十元角分
甲产品					
乙产品					
合计					

负责人：张丽　　　记账：张丽　　　验收：张华　　　填单：

47－1

成本还原计算表

成本还原对象：甲产品

成本项目	直接材料	半成品	直接人工	制造费用	合计
还原前产品成本					
上步骤半成品成本					
半成品成本还原					
还原后产品成本					

成本还原率＝

47－2

成本还原计算表

成本还原对象：乙产品

成本项目	直接材料	半成品	直接人工	制造费用	合计
还原前产品成本					
上步骤半成品成本					
半成品成本还原					
还原后产品成本					

成本还原率＝

财务费用明细账

年 月	年 日	凭证号数	摘要	利息支出	汇兑损失	金融机构手续费	其他筹资费用	合计

销售费用明细账

年 月 日	凭证号数	摘要	职工薪酬	机物料消耗	低值易耗品摊销	展览费	广告费	差旅费	运输费	水电费	折旧费	保险费	产品质量保证费	办公费	取暖费	其他	合计

管理费用明细账

年 月 日	凭证号数	摘要	职工薪酬	机物料消耗	低值易耗品摊销	差旅费	业务招待费	修理费	排污费	水电费	折旧费	保险费	办公费	无形资产摊销	存货盘亏或毁损(减盘盈)	取暖费	运输费	报刊费	其他	合计

管理费用明细账

年		凭证号数	摘要	职工薪酬	机物料消耗	低值易耗品摊销	差旅费	业务招待费	修理费	排污费	水电费	折旧费	保险费	办公费	无形资产摊销	存货盘亏或毁损（减盘盈）	取暖费	运输费	报刊费	其他	合计
月	日																				

三、成本费用明细表

48-1
编制单位：

全部产品生产成本明细表（按产品种类反映）

2016 年 12 月

金额单位：元

产品名称	计量单位	实际产量 本月	实际产量 本年累计	单位成本 上年实际平均	单位成本 本年计划	单位成本 本月实际	单位成本 本年累计实际平均	本月总成本 按上年实际平均单位成本计算	本月总成本 按本年计划单位成本计算	本月总成本 本期实际	本年累计总成本 按上年实际平均单位成本计算	本年累计总成本 按本年计划单位成本计算	本年累计总成本 本年实际
		(1)	(2)	(3)	(4)	(5)= (9)÷(1)	(6)= (12)÷(2)	(7)= (1)×(3)	(8)= (1)×(4)	(9)	(10)= (2)×(3)	(11)= (2)×(4)	(12)
可比产品合计	略												
不可比产品合计													
全部产品成本合计													

计划降低额：
计划降低率：
实际降低额：
实际降低率：

48－2 制造费用明细表
车间名称：第一基本生产车间　　　2016 年 12 月

费用项目	本年计划数	上年同期实际数	本月实际数	本年累计实际数
职工薪酬				
机物料消耗				
低值易耗品摊销				
劳动保护费				
水电费				
折旧费				
保险费				
办公费				
运输费				
取暖费				
其他				
合计				

48－3 制造费用明细表
车间名称：第二基本生产车间　　　2016 年 12 月

费用项目	本年计划数	上年同期实际数	本月实际数	本年累计实际数
职工薪酬				
机物料消耗				
低值易耗品摊销				
劳动保护费				
水电费				
折旧费				
保险费				
办公费				
运输费				
取暖费				
其他				
合计				

48－4 财务费用明细表
2016 年 12 月

费用项目	本年计划数	上年同期实际数	本月实际数	本年累计实际数
利息支出				
汇兑损失				
金融机构手续费				
其他筹资费用				
合计				

48－5 销售费用明细表
2016 年 12 月

费用项目	本年计划数	上年同期实际数	本月实际数	本年累计实际数
职工薪酬				
机物料消耗				
低值易耗品摊销				
展览费				
广告费				
差旅费				
运输费				
水电费				
折旧费				
保险费				
产品质量保证费				
办公费				
取暖费				
其他				
合计				

48－6 管理费用明细表
2016 年 12 月

费用项目	本年计划数	上年同期实际数	本月实际数	本年累计实际数
职工薪酬				
机物料消耗				
低值易耗品摊销				
差旅费				
业务招待费				
修理费				
排污费				
水电费				
折旧费				
保险费				
办公费				
无形资产摊销				
存货盘亏或毁损（减盘盈）				
取暖费				
运输费				
报刊费				
其他				
合计				

附　　录

附录一：辅助生产费用分配法

1. 一次交互分配法

某企业设有供电和供水两个辅助生产车间,而且只设置"辅助生产成本"账户,本月份根据辅助生产成本明细账得知,供电车间发生的待分配费用为 7 040 元,供水车间发生的待分配费用为 6 720 元。车间本月提供劳务量情况如下表所示：

车间、部门		用电度数	用水吨数
第一基本生产车间	甲产品耗用	18 500	
	车间一般耗用	1 500	1 800
第二基本生产车间	乙产品耗用	17 000	
	车间一般耗用	1 000	2 100
管理部门耗用		2 000	100
供电车间耗用			200
供水车间耗用		4 000	
合计		44 000	4 200

要求：采用一次交互分配法分配辅助生产费用。

辅助生产费用分配表(一次交互分配法)

项目			交互分配			对外分配		
辅助生产车间名称			供电	供水	合计	供电	供水	合计
待分配辅助生产费用								
供应劳务数量								
费用分配率(单位成本)								
辅助生产成本	供电车间耗用	耗用数量						
		分配金额						
	供水车间耗用	耗用数量						
		分配金额						

续表

项目			交互分配			对外分配		
辅助生产车间名称			供电	供水	合计	供电	供水	合计
基本生产成本	甲产品	耗用数量						
		分配金额						
	乙产品	耗用数量						
		分配金额						
制造费用	第一基本车间	耗用数量						
		分配金额						
	第二基本车间	耗用数量						
		分配金额						
管理费用		耗用数量						
		分配金额						
金额合计								

2. 计划成本分配法

某企业有供电和供水两个辅助生产车间，本月份根据辅助生产成本明细账得知，供电车间直接发生的待分配费用为70 400元，供水车间为6 720元。车间本月提供劳务量如下表所示：

车间、部门		用电度数	供水（立方米）
第一基本生产车间	甲产品耗用	18 500	—
	一般耗用	1 500	1 800
第二基本生产车间	乙产品耗用	17 000	—
	一般耗用	1 000	2 100
管理部门		2 000	100
供电车间		—	200
供水车间		4 000	—
合计		44 000	4 200

供电车间计划单位成本1.6元/度；供水车间计划单位成本1.8元/小时。

要求：采用计划成本分配法分配辅助生产费用，按计划单位成本分配后的成本差异直接计入"管理费用"账户，并编制有关的会计分录。

辅助生产费用分配表(计划成本分配法)

分配部门 受益部门		供电车间 数量	供电车间 金额	供水车间 数量	供水车间 金额	金额合计
待分配费用			70 400		6 720	77 120
供应劳务量		44 000		4 200		
计划单位成本			1.6		1.8	
辅助生产成本	供电车间			200		
	供水车间	4 000				
基本生产成本	一车间产品用	18 500				
	二车间产品用	17 000				
制造费用	一车间一般用	1 500		1 800		
	二车间一般用	1 000		2 100		
管理部门	管理部门耗用	2 000		100		
按计划成本分配金额合计						
辅助生产车间的实际成本						
辅助生产成本差异						

附录二：完工产品与月末在产品之间分配费用方法

1. 在产品按定额成本计价法

某企业生产丙产品，经过两道工序加工制成，原材料为生产开始时一次投入。其他资料如下：

(1) 各道工序的完工程度均按 60% 计算，其定额工时及在产品数量如下：

定额工时及在产品数量表

工序	定额工时（小时）	在产品数量（件）
1	15	80
2	10	80
合计	25	160

(2) 有关的产品单位定额资料如下：

产品单位定额表

直接材料定额成本（元）	定额工时计划分配率	
	直接人工	制造费用
15	19	15

(3) 丙产品生产成本明细账上归集的生产费用如下：

丙产品的生产费用明细表

成本项目	直接材料	直接人工	制造费用	合计
生产费用合计	16 000	285 200	204 800	506 000

要求：月末在产品按定额成本计价法分配完工产品和月末在产品成本。

在产品定额成本计算表

工序	在产品数量	直接材料（15元）	定额工时	直接人工（19元）	制造费用（15元）	合计
1	80					
2	80					
合计	160					

完工产品和月末在产品费用分配表

成本项目	直接材料	直接人工	制造费用	合计
生产费用合计	16 000	285 200	204 800	506 000
本月完工产品成本				
月末在产品定额成本				

2. 定额比例法

某企业丙产品消耗定额比较准确、稳定，各月末在产品数量变化较大，采用定额比例法分配完工产品与在产品费用，其中原材料费用按定额原材料费用比例分配，其他费用按定额工时比例分配。本月份丙产品有关资料如下：

成本项目		直接材料	直接人工	制造费用	合计
月初在产品费用	定额	3 000	2 000 工时		
	实际	3 500	2 500	1 500	7 500
本月生产费用	定额	7 000	3 000 工时		
	实际	7 500	3 500	2 500	13 500

本月丙产品完工 100 件，单件产品定额：直接材料为 80 元，工时定额为 40 小时。

要求：(1) 采用定额比例法分配完工产品与月末在产品费用，并登记产品成本明细账；
(2) 编制完工产品入库会计分录。

基本生产成本明细账

产品名称：丙产品　　　　　　　　　　　　　　　　　　　　　　　　　　　单位：元

成本项目		直接材料	直接人工	制造费用	合计
月初在产品费用	定额	3 000	2 000 工时		
	实际	3 500	2 500	1 500	7 500
本月生产费用	定额	7 000	3 000 工时		
	实际	7 500	3 500	2 500	13 500
生产费用合计	定额				
	实际				
分配率					
完工产品成本	定额				
	实际				
月末在产品成本	定额				
	实际				

附录三：产品成本计算方法

1. 产品成本计算分批法

某企业小批生产 A02、B02 和 C02 产品，由于投产批数较多，采用简化分批法计算产品成本。该企业 6 月份生产情况如下：

（1）各批产品的批号、名称、生产情况见各产品基本生产成本账：

（2）5 月份各批产品生产费用如下：

批别	产品名称	原材料费用	生产工时	备注
A02	102	5 200 元	2 88 小时	
B02	202	21 600 元	11 30 小时	原材料在生产开工时一次投入
C02	302	2 000 元	4 00 小时	
合计		28 800 元	18 18 小时	

5 月份该厂发生全部产品的职工薪酬 45 455 元，制造费用 23 630 元。

（3）6 月份各批产品发生的费用如下：

批别	产品名称	原材料费用	生产工时	备注
A02	102	16 000 元	4 32 小时	全部完工
B02	202		15 30 小时	完工 5 件，工时为 15 00 小时；在产品 7 件，工时为 11 60 小时
C02	302	5 200 元	2 20 小时	未完工
合计		21 200 元	21 82 小时	

6 月该厂发生全部产品的职工薪酬 54 545 元，制造费用 28 370 元。

要求：根据上述资料采用简化分批法计算完工产品和在产品成本，并填制 A02 批、B02 批产品成本明细账。

基本生产成本二级账

年		摘要	原材料	生产工时	直接人工	制造费用	合计
月	日						
5	31	月末在产品成本					
6	30	本月发生生产费用					
	30	合计					
	30	累计间接费用分配率					
	30	完工产品成本					
	30	月末在产品成本					

基本生产成本明细账

批号：A02　　　　　　　　　产品：102　　　　　　　　　　　　　批量：10
投产日期：5月10日　　　　　完工日期：6月28日　　　　　　　　单位：元

年		摘要	原材料	生产工时	直接人工	制造费用	合计
月	日						
5	31	本月发生生产费用					
6	30	本月发生生产费用					
	30	合计					
	30	累计间接费用分配率					
	30	完工产品成本					
	30	完工产品单位成本					

基本生产成本明细账

批号：B02　　　　　　　　　产品：202　　　　　　　　　　　　　批量：12
投产日期：5月15日　　　　　完工日期：　　　　　　　　　　　　单位：元

年		摘要	原材料	生产工时	直接人工	制造费用	合计
月	日						
5	31	月末在产品成本					
6	30	本月发生生产费用					
	30	合计					
	30	累计间接费用分配率					
	30	完工产品成本					
	30	完工产品单位成本					
	30	月末在产品成本					

2. 产品成本计算的平行结转分步法

某企业设有三个基本生产车间顺序加工甲产品，所耗原材料在第一车间生产开始时一次性投入，生产费用按约当产量比例法在完工产品与在产品之间进行分配，各步骤在产品的完工程度均为本步骤的50%。其他有关资料如下：

产量资料　　　　　　　　　　　　　　　　　　　　　　　　　单位：件

项目	一车间	二车间	三车间
月初在产品	50	90	40
本月投入量	200	150	200
本月完工量	150	200	180
月末在产品	100	40	60

生产费用资料 单位：元

项目		直接材料	直接人工	制造费用
月初在产品成本	一车间	3 000	1 040	420
	二车间		1 380	460
	三车间		240	100
本月发生的生产费用	一车间	4 600	1 600	900
	二车间		2 000	1 100
	三车间		600	320

要求：采用平行结转分步法计算出完工产成品成本。

3. **产品成本计算的分类法**

资料：大华工厂生产甲、乙、丙三种产品，这三种产品的原材料和生产工艺相近，因而归为一类产品，采用分类法计算成本。

该类产品的消耗定额比较准确、稳定，各月在产品数量波动也不大，因而月末在产品按定额成本计价。本月（10月）月初、月末在产品的定额总成本，以及本月实际发生的生产费用如下：

项目	直接材料	直接人工	制造费用	合计
月初在产品定额费用	7 300	1 500	4 500	13 300
月末在产品定额费用	5 200	1 000	3 000	9 200
本月生产费用	65 100	12 250	36 750	114 100

该类产品的消耗定额及本月产量资料如下：

产品名称	材料消耗定额（公斤）	工时消耗定额（小时）	产品产量
甲产品	9.6	6	1 500
乙产品	8	7	2 00
丙产品	6.4	5	500

该厂各种产品成本的分配方法是：

原材料费用按事先确定的耗料系数比例分配，耗料系数根据产品的材料消耗定额，以乙产品为标准产品计算确定。

其他各项费用均按定额工时比例分配。

要求：根据上述资料，采用产品成本计算中的分类法计算甲、乙、丙三种产成品的成本。

4. **产品成本计算的定额法**

福东公司大批量生产甲产品，该产品各项消耗定额比较准确、稳定，采用定额法计算产品成本，公司规定，该产品的定额变动差异和材料成本差异由完工产品成本负担，脱离定额差异按定额成本比例在完工产品与月末在产品之间进行分配。有关资料如下：

(1) 8月份甲产品定额成本及脱离定额差异资料如下表：

定额成本及脱离定额差异表

成本项目		直接材料	直接人工	制造费用	合计
月初在产品成本	定额成本	10 000	2 000	6 000	18 000
	定额差异	−785	+140	−900	−1 545
本月生产费用	定额成本	50 000	8 500	31 000	89 500
	定额差异	−1 000	+700	+1 640	+1 340

（2）福东公司甲产品8月份所耗A原材料，其成本差异率为节约2%。

（3）甲产品从本月1日起实行新的材料消耗定额，单位产品旧的材料费用定额为40元，新的材料费用定额为38元，该产品月初在产品按旧定额计算的材料定额费用为10 000元。

（4）甲产品本月完工200件，在产品100件，其定额成本资料如下表：

产成品定额成本表

成本项目	直接材料	直接人工	制造费用	合计
单位产品定额成本	275	47.25	171	493.25

要求：计算出甲产品总成本和月末在产品成本。

基本生产成本明细账

产品名称：甲产品　　　　　　　　　　　　　　　　　　　　　　　　在产品数量：100件
完工产品数量：200件　　　　　　20××年8月　　　　　　　　　　　单位：元

成本项目		行次	直接材料	直接人工	制造费用	合计
月初在产品	定额成本	(1)	10 000	2 000	6 000	18 000
	定额差异	(2)	−785	+140	−900	−1 545
月初在产品定额变动	定额成本调整	(3)				
	定额变动差异	(4)				
本月生产费用	定额成本	(5)	50 000	8 500	31 000	89 500
	定额差异	(6)	−1 000	+700	+1 640	+1 340
	材料成本差异	(7)=[(5)+(6)]×(−2%)				
生产费用合计	定额成本	(8)=(1)+(3)+(5)				
	定额差异	(9)=(2)+(6)				
	材料成本差异	(10)=(7)				
	定额变动差异	(11)=(4)				
差异分配率	定额差异	(12)=(9)÷(8)				

续表

成本项目		行次	直接材料	直接人工	制造费用	合计
完工产品	定额成本	(13)				
	定额差异	(14)=(13)×(12)				
	材料成本差异	(15)=(10)				
	定额变动差异	(16)=(11)				
	实际成本	(17)=(13)+(14)+(15)+(16)				
月末在产品	定额成本	(18)=(8)−(13)				
	定额差异	(19)=(9)−(14)				